**人間 야곱,
이스라엘
되다**

인간은 은혜 아니면
살아갈 수 없다

人間 야곱, 이스라엘 되다

초판인쇄 2018년 4월 30일
초판발행 2018년 5월 3일
지은이 옥성석
펴낸이 장병주
펴낸곳 예책
등록번호 제 17-311호
주소 서울시 동작구 노량진로 26길 13-10(본동)
영업부 02-3489-4300
출판부 02-6401-2657
FAX 02-3489-4309

책 값은 뒤표지에 있습니다.
ISBN 978-89-98300-17-3 03230
편집부에서 독자의 의견을 기다립니다.
jesusbooks@naver.com

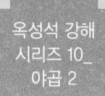

옥성석 강해
시리즈 10_
야곱 2

인간은 은혜 아니면
살아갈 수 없다

人間 야곱,
이스라엘
되다

우리는 야곱 스토리에서 어떤 삶의 원리를 배우는가!

옥성석 지음

목 차

서문 다시, 야곱을 떠올리며 • 6

Part 1. 人間 야곱, 빼앗고 도망치다

Chapter 01 人間 야곱이 선택된 이유(창 25:19~26) • 14
Chapter 02 인간이 실패하는 때(창 27:1~14) • 30
Chapter 03 인간의 악행은 하나님의 뜻을 막지 못한다(창 27:15~29) • 47
Chapter 04 바닥을 쳐야 시작되는 기적(창 28:10~15) • 54
Chapter 05 쥔 손을 펴야 잡을 수 있는 은혜(창 28:16~22) • 72

Part 2. 人間 야곱, 속이고 속다

Chapter 06 인생의 광야에서 만난 교회(창 29:1~9) • 88
Chapter 07 사랑한다면 감당해야 할 것(창 29:21~30) • 102
Chapter 08 삶의 문제를 해결하는 세 가지 태도(창 30:1~2) • 114

Chapter 09 하찮은 인간, 보석이 되다(창 30:1~13) • 126
Chapter 10 삶 속에 숨겨진 축복의 유전자(창 30:37~43) • 138
Chapter 11 믿음으로 그리면 하나님이 이루신다(창 30:37~43) • 150

Part 3. 人間 야곱, 이스라엘 되다

Chapter 12 소유를 내려놓고 하나님을 붙잡다(창 32:21~32) • 166
Chapter 13 먼저 무릎 꿇고 관계를 풀다(창 32:24~32) • 178
Chapter 14 人間 야곱, 하나님 앞에 거꾸러지다(창 32:24~32) • 190
Chapter 15 은혜 아니면 살아갈 수 없다(창 33:1~11) • 200
Chapter 16 중간에 안주할 때 위기는 시작된다(창 34:1~7) • 214
Chapter 17 숙곳이 아니라 벧엘까지 가야 한다(창 35:1~5) • 230
Chapter 18 참된 예배자, 영적 이스라엘이 되다(창 35:9~15) • 240

서문

다시,
야곱을 떠올리며

"인공지능Artificial Intelligence으로 쓴 소설을 찾습니다."

최근 KT와 한국콘텐츠진흥원이 상금 1억 원을 내걸고 국내 처음으로 AI 소설 공모전을 개최하고 있다. AI가 바둑으로 인간을 넘어서고, 환자를 진료하거나 음성을 알아듣고, 음악을 재생하며, 날씨를 알려주는 차원도 넘어 인간의 고유 영역이라 생각됐던 창작 활동까지 할 수 있을지 관심이 쏠리고 있다. KT 담당자는 "소설이란 인간의 상상력을 반영하는 창작물이기에 AI가 쉽게 따라올 수는 없겠지만, AI가 창작의 세계에 어떤 영향을 줄지 가늠해 볼 수 있는 좋은 기회가 될 것"이라고 말했다.

그럼 AI는 어떻게 소설을 쓸까? AI 전문가들은 논리 추론과 'Deep Learning'심층 학습 기반, 여기에 자연어 처리 기술을 더하면 AI도 소설 작문이 가능하다고 말한다. 예를 들어 소설 1,000여 편을 학습한 AI가

다른 소설이 문장을 만드는 방식으로 소설을 완성해 나가는 것이다. 대표적인 인공지능 벤처기업 퀸트랩은 "지난 4~5년간 3만 편 이상의 영화, 소설, 애니메이션을 분석해 100만 개의 이야기 전개 패턴을 축적해 왔기에 이번 공모전에 다양한 취향의 독자들을 대상으로 200자 원고지 30쪽 분량의 웹소설 여러 편을 출품할 계획"이라고 말했다. 결국 AI가 얼마나 많은 양의 소설을 학습했느냐가 그 승패를 결정짓는다고 할 수 있다.

성경은 하나님의 고유 창작 영역이다.

이를 감히 어떻게 인간이 따라갈 수 있단 말인가? 하지만 성경을 한없이 읽고, 묵상하며, 연구하면서 되새김질하다 보면 더욱 더 심오한 하나님의 뜻을 드러낼 수 있지는 않을까? 그래서 대부분의 설교자는 쉼 없이 성경에 집중한다. 테리 홀Terry Hall은 "성경에는 약 2,930명의 인물이 등장한다"고 밝힌바 있다. 어떻게 등장인물들을 일일이 헤아렸을까? 그렇다면 이 인물들 가운데서 관심을 끄는 인물은 누구일까? 아브라함, 모세, 엘리야 같은 이들일 것이다. 반면에 야곱, 삼손, 사라 같은 이들은 어떠한가? 세속적인 욕망이 두드러진 자들 말이다. 그런데 이런 허물과 실수투성이, 실패자들에게 오히려 시선이 집중되는 이유는 무엇일까? 동병상련이란 단어가 뇌리를 스친다.

나는 2004년 가을, 야곱을 주목했다.

아니, 야곱 스토리를 한없이 읽고, 묵상하며, 살폈다. 그가 잘나고 똑똑하며 완벽한 인물이어서가 결코 아니다. 남달리 축복을 받았기 때문도 아니다. '험악한 세월'을 보내었기 때문은 더더군다나 아니다(창 47:9). 이기적인 욕심, 처세술, 목적을 달성하기 위해서라면 수단과 방법을 가리지 않았던 '人間 야곱'이었기에 눈을 뗄 수가 없었다. 어쩌면 그리도 나와 닮았는지! 그런데 이렇게 약한 야곱, 버러지 같은 그를 하나님은 포기하지 않으셨다(사 41:14). 그 쓸모없는 자를 끝까지 추적하시면서, 어르고 달래시더니 결국 무릎을 꿇게 만드시고, 은혜를 쏟아부어 주시는 장면, 인간 발뒤꿈치를 붙잡은 그에게 하나님을 붙잡게 만드신 후 온 세상을 향하여 '나는 아브라함의 하나님, 이삭의 하나님, 야곱의 하나님'이라고 선포하시는 현장에서는 가슴이 먹먹해 졌다(출 3:6). '아, 나도 소망이 있구나. 여호와의 긍휼이 무궁하므로 결코 진멸되지 않겠구나'(애 3:21-22).

드디어 충정 강단에서 교우들과 함께 나누었던 메시지를 문자화하려는 용기가 생겼고, 비슷한 처지에서 좌절하는 성도가 있다면 내가 만난 야곱의 하나님을 만났으면 하는 열망으로 2004년, 『하나님 앞에 무릎을 꿇은 사람, 야곱』(국제제자훈련원)을 출간하게 되었다. 난생 처음 옷을 발가벗는 듯한 설렘으로 발간한 처녀작을 들고 얼마나 감사했는지! 하지만 그때, 그 첫 작품은 당시 준비했던 원고의 절반에 불과했다. '반쪽 야곱'은 삼손, 나오미, 느헤미야, 다니엘, 다윗, 요셉 등이 빛을 보는 동안 책장에서 해산하지 못한 여인 신세로 묻혀 있었다(삼상 4:21).

그 책장의 문을 다시 열었다.

그리고 원고를 정독했다. 그러면서『하나님 앞에 무릎을 꿇은 사람, 야곱』(제1권)을 다시 한 번 살폈다. 제1권만으로는 야곱 스토리의 맥이 중간 중간 끊기는 게 아닌가! 오히려 미발간한 원고 속에 더 값진 보석들이 감추어져 있음을 확인했다. 하지만 '십수 년'이란 시간차의 극복이 관건이었다. 그런데 원고를 건네받은 출판사 예책의 장병주 대표는 "이 원고는 시간차의 문제가 아니라고 생각합니다. 십 년 전이나 지금이나 사람들은 조금도 변함없이 야곱과 같은 인간이고, 그러기에 그때나 지금이나 똑같이 야곱에게 역사하신 하나님의 은혜가 필요할 거라 생각합니다. 분명 이 원고는 1권에서 빠진 부분을 더욱 풍성히 보완할 수 있을 것 같습니다"라고 말해 주었다. 그 격려에 힘입어 제2권『人間 야곱, 이스라엘 되다』가 나오게 되었다. 원고는 그때 정리해 둔 것을 거의 건드리지 않았다. 이제 이 책으로 야곱의 모든 스토리의 처음과 끝을 볼 수 있을 거라 생각하니 기쁘기 그지없다.

출간 때마다 떠올리는 얼굴들이 있다.

충정교회 교우들이다. 1989년에 부임했으니 이제 부임 30년이 코앞이다. 결코 짧지 않은 세월동안 한결같은 마음으로 강단을 주시하며 말씀의 꿀을 사모해온 교우들과, 매주일 오전 10시면 CTS를 통해 메시지를 접한 불특정 다수의 시청자들의 다함이 없는 격려에 힘입어 열 번째『人間 야곱, 이스라엘 되다』가 탄생할 수 있었음을 고백한다. 지면을 통해 이분들께 먼저 진심으로 감사드린다.

다음은 난치병 어린이들이다. 매년 5월 이맘때면 꽤 큰 규모의 '장마당'이 펼쳐진다. 일산의 온 동네가 시끌벅적할 정도다. 난치병 아이들을 위한 '사랑의 바자회'는 서울대학교병원, 연세대학교 세브란스병원, 국립암센터, 그리고 인도네시아, 캄보디아에 있는 20여 명의 아이들을 위한 땀 흘림의 현장이다. 모두들 생명을 살리는 이 일에 내 일처럼 발 벗고 나선다. 가슴이 뭉클할 정도다. 작년에는 순수익금만 2억 2천만 원 정도, 전액 이름 모를 난치병 어린이들에게 지원했다. 물론 매년 열리는 '사랑의 바자회' 즈음하여 발간하는 필자의 책 수익금 전액도 아이들의 치료에 전달된다. 때문에 '난치병 어린이'들은 이 책의 원저자라고 할 수 있다.

출판사 예책의 장병주 대표는 어느덧 한 식구가 되어 버렸다. '국제제자훈련원'에서부터 출판사 '예책'에 이르기까지 계속 저자의 책 출간에 손발을 맞추고 있다. 내용은 물론 표지, 제목, 디자인에 이르기까지 세심한 손길이 미치지 않는 곳이 없다. 다시 한 번 깊은 감사를 드린다. 아울러 본 교회 김민규 목사님의 노고에도 심심한 감사를 표하고 싶다.

다시 고백하거니와 나는 참 허물투성이인 '오늘의 야곱'이다. 아니 야곱의 신발 끈 풀기에도 감당치 못할 자다(요 1:27). 그런데 여기까지 달려올 수 있었던 것은 그 무엇보다 먼저 하나님의 은혜다(고전 15:10). 여기에 아내의 수고로움을 덧붙이고 싶다. 아내는 평소에도 늘 교회와 교우들 편에 서서 이런저런 충고를 아끼지 않는다. 특히 주일예배 후면 당일 예배의 분위기, 메시지, 구성, 더 나아가 어휘에 이르기까지 나름의 생각을 진솔하게 전해 준다. 참으로 고마운 동반자요, 동역자다. 덧붙여 목회자의 자녀만이 갖는 부담감을 안고서도 늘 '목사 아빠'를 격려하는 마음 씀씀이가 깊고 남다른 자녀가 어느새 어엿한 가정을 꾸려 나가는 것을 떠올리면 입가에 미소가 번진다. 특히 손주 안利安이는 왜 그렇게 예쁜지, 나도 별 수 없이 '바보 할아버지'가 되어 버렸다.

주후 2018년 5월 1일

옥 성 석

Part 1

人間 야곱,
빼앗고 도망치다

Chapter 1

사람 야곱이 선택된 이유

창 25:19~26

미래에 어떤 일들이 일어날지는 아무도 모른다. 삶이란 그야말로 미지의 세계를 향하여 걸음을 내딛는 것과 같다. 그러나 우리 앞에 어떤 일이 놓여 있는지 알고 계신 분이 있다. 바로 우리가 믿는 하나님이다. 하나님은 우리의 미래를 친히 주장하신다. 그렇기 때문에 살면서 하나님 앞에 나와 은혜를 구하는 것은 참으로 겸손한 일이요, 가장 지혜롭고 가치 있는 일이라 할 수 있다.

야곱, 그는 왜 매력적일까

우리는 인생의 여정 속에서 수많은 사람을 만난다. 학교, 직장, 교회 등 사회활동을 하면서 여러 인간관계를 이어 나간다. 그들 중에는 생각만 해도 속상하고 기분이 나빠지는 사람이 있는가 하면, 어쩐지 나와는 거리가 먼, 딴 세상에 살고 있는 듯한 사람도 있다. 그런 사람들은 정이 가지도, 교감이 되지도 않는다.

반면에 어떤 사람은 만나는 순간부터 호감이 가고 친근감이 생긴다. 그런 사람과는 내가 먼저 다가가서 이런 저런 이야기를 나누고 함께 시간을 보내고 싶어진다. 때로는 그 사람과 교제를 나누면서 내 안의 상처까지 치료되는 것 같은 경험을 하기도 한다.

성경 속 인물들도 마찬가지다. 아브라함, 요셉, 모세, 여호수아, 엘리야, 다윗, 솔로몬, 바울 등, 이들은 정말 존경스러울 정도의 신앙을 가진 사람들이다. 그러나 어쩐지 거리감이 느껴진다. 싫다는 말이 아니다. 단지 내 신앙과 비교할 때 현격한 차이가 나기 때문이다. 그래서 이런 사람들을 향해서는 '그 사람은 특별한 사람이니까 그렇게 살았겠지!' 하고선 간단히 정리해 버린다.

그러나 성경 속 인물 중에도 무척이나 호감이 가고 친근감이 느껴지는 사람이 있다. 그의 인생에서 나의 약점, 실수, 이기심, 욕심을 발견한다. 그런데 참 신기하게도 그런 약점 많은 사람이 하나님께 큰 상급을 받기까지 한다. 누구일까? 바로 베드로나 야곱 같은 사람들이다.

미국의 유명한 정신분석 전문의 어빈 얄롬 Irvin D.Yalom은 소그룹에서 상대와 친밀한 관계를 유지했을 때 그 환경만으로도 치료가 된다는 연구 결과를 발표한 바 있다. 이름하여 '일반화 Universality 요소'이다. '알고 보니 저 사람 나와 닮았네. 이런 문제가 내게만 있는 것이 아니었구나! 저 사람도 나와 똑같네' 하는 생각을 할 때 자신도 모르게 서서히 내면의 문제가 치료된다는 것이다. 야곱이 바로 그런 인물이다.

　야곱에게 친근감을 느끼는 이유가 몇 가지 있다. 첫째, 야곱은 나처럼 약점을 많이 가진 사람이다. 그럼에도 그는 축복의 조상이 되었다. 이 얼마나 매력적인가! 둘째, 그도 나처럼 힘든 세월을 살았다. 우리는 '너무 힘들어. 되는 게 하나도 없어. 나는 파산이야. 이렇게 사느니 차라리 죽는 것이 낫겠어' 하곤 한다. 그러나 그런 우리의 나날은 야곱에 비하면 명함도 못 내밀 정도다. 오죽하면 그 스스로 자기 인생을 '험악한 세월'이었다고 규정했을까!

"바로가 야곱에게 묻되 네 나이가 얼마냐 야곱이 바로에게 아뢰되 내 나그네 길의 세월이 백삼십 년이니이다 내 나이가 얼마 못 되니 우리 조상의 나그네 길의 연조에 미치지 못하나 험악한 세월을 보내었나이다 하고"(창 47:8-9).

　야곱이 말한 험악한 세월은 히브리어로 '라욤'מיָעָר인데, '하도 험한 일을 많이 겪어서 속이 시커멓게 탔다'는 뜻이다. 그만큼 야곱은 일생 동안 눈이 뒤집어지고 오장육부가 썩어 문드러지는, 미치고 팔짝 뛰어도 시원찮은 일을 숱하게 겪은 사람이다. 물론 지금 야곱 못지않게 어렵고 힘든 일을 겪고 있는 사람이 있을 것이다. 그러나 야곱은 147년 동안 쉼 없이 이런 일들을 겪었다. 우리와 비교가 안 될 정도로 말이다.

　그럼에도 이런 야곱의 삶에 매력을 느끼는 것은 그의 인생 후반부가 너무나 멋지고 행복하며 매력적이었기 때문이다. 고센 땅에서의 노후를 보라! 모두가 부러워하는 부귀와 영화, 안락한 나날을 영위하지 않았던가! 이런 이유들 때문에 야곱에게는 왠지 모를 친근감이 생긴다. 야곱은 진정 매력적인 인물임에 틀림없다.

하나님은 야곱의 삶을 '예정'하셨다

그렇다면 궁금한 것이 생긴다. 왜 하나님은 약점 많은 야곱을 택하셔서 복을 주시고 더 나아가 축복의 조상이 되게 하셨을까? 그것을 알기 위해 우리는 먼저 그의 출생과 관련된 미스터리를 살펴볼 필요가 있다.

> "여호와께서 그에게 이르시되 두 국민이 네 태중에 있구나 두 민족이 네 복중에서부터 나누이리라 이 족속이 저 족속보다 강하겠고 큰 자가 어린 자를 섬기리라 하셨더라"(창 25:23).

사람이란 예외 없이 자신의 문제에 대해 스스로 결정할 수 있는 인격자들이다. 자기의 의사와 상관없이 어떤 사항이 결정될 때 무시당하는 듯한 모멸과 좌절을 느낀다.

그러나 곰곰이 한번 생각해 보자. 내가 아무리 스스로에 대한 결정권을 가진 존재라 할지라도 모든 것이 손아귀에 들어와 있지는 않다. 대부분의 일들이 내 의견과는 전혀 상관없이 타의에 의해 이미 결정되어 있다. 내 마음대로 김 씨로 살아갈지 박 씨로 살아갈지 결정할 수 있는가? 내 마음대로 미국 시민으로 태어날지 아프가니스탄 국민으로 태어날지, 혹은 남자로 태어날지 여자로 태어날지 결정할 수 있는가? 내 마음대로 건강한 사람으로 태어날지 선천적인 병을 가진 사람으로 태어날지, 혹은 부요한 가정에 태어날지 가난한 가정에 태어날지 선택할 수 있는가? 그렇지 않다. 이런 것들이 내 의사와는 전혀 상관이 없다. 누군들 선진국에 태어나되 건강한 육체로, 그러면서 행복한 가정의 일원이 되어 성장하고 싶지 않겠는가! 그러나 현실은 정반대일 경우가 더 많다. 누구도 자신의 부모를 임의로 바꿀 수 없다.

그러므로 먼저 해야 할 것이 있다. 그것은 내가 처한 현실을 먼저 인정하고 받아들이는 것이다. 성경은 제일 먼저 이 진리를 깨우친다. 리브가가 임신을 했다. 알고 보니 쌍둥이였다. 그런데 이 쌍둥이들이 뱃속에서 거칠게 싸운다. 하나님께서는 뱃속에서 싸우는 두 아들을 향하여 "큰 자가 어린 자를 섬기리라"(창 25:23)고 말씀하신다.

하나님께서는 이들에 대해 각기 다른 뜻을 가지고 계셨다. 이들이 세상에 나오기 전, 그 어떤 선한 일이나 악한 일도 하기 전 어린 자, 즉 아우는 하나님의 백성이 되게 하시고 큰 자, 즉 형은 오히려 아우를 섬기게 하시겠다는 것이다. 이는 진정 놀라운 일이 아닐 수 없다. 다시 강조하지만 이들은 아직 태어나지도 않았다. 그 어떤 악한 말 한마디, 생각 한 자락 하지 않았다. 그런데 하나님은 이 아이들에 대해 각기 다른 계획을 가지고 계셨다.

'예정'이란 교리가 있다. 하나님께서 우리가 태어나기 전, 창세 전부터 그의 백성을 택하시고(엡 1:4) 그의 삶을 이미 알고 계셔서 어떤 자에게는 은혜 주기로 작정하시는가 하면 어떤 자들은 버리기로 결정하신다는 것이다.

> "하나님이 미리 아신 자들을 또한 그 아들의 형상을 본받게 하기 위하여 미리 정하셨으니 이는 그로 많은 형제 중에서 맏아들이 되게 하려 하심이니라 또 미리 정하신 그들을 또한 부르시고 부르신 그들을 또한 의롭다 하시고 의롭다 하신 그들을 또한 영화롭게 하셨느니라"(롬 8:29-30).
> "곧 창세 전에 그리스도 안에서 우리를 택하사 우리로 사랑 안에서 그 앞에 거룩하고 흠이 없게 하시려고"(엡 1:4).
> "하나님께서 행하시는 일을 보라 하나님께서 굽게 하신 것을 누가 능히 곧게 하겠느냐"(전 7:13).

사실 이 예정론만큼 화나는 것도 없다. 그러나 흥분된 마음을 가라앉히고 이 진리 속으로 들어가 보면 놀라운 은혜를 발견한다. 특별히 예정론과 관련하여 야곱 이야기만큼 명료한 해답을 던져 주는 사건도 드물다.

하나님께서 뱃속에 있는 두 아이 중에서 왜 장자가 아닌 차자를 택하셨을까? 이스라엘의 전통적인 관례를 따른다면 장자가 재산을 우선적으로, 그것도 두 배를 상속받는다. 그리고 아버지 혈통을 잇는다. 또한 가정에서 제사장의 역할을 계승하고 가장 으뜸의 지위를 차지한다. 그런데 하나님께서 장자 대신 차자를 선택하셨다. 더군다나 야곱은 약점 투성이였는데 말이다. 이것은 에서가 약점이 전혀 없는 사람이라는 뜻은 물론 아니다. 그러나 에서와 야곱, 두 사람을 놓고 인간적인 잣대로 평가한다면 두말할 필요도 없이 선택받아야 할 사람은 에서다.

역사를 보면 왕이 자신의 후계자를 택할 때나 기업 회장이 후임자를 선택할 때 언제나 맏아들을 택하지는 않는다. 형제들 중에서 맏아들보다 더 유능한 자식이 있을 경우 그를 후계자로 지명하여 세우는 경우가 있다. 물론 이때는 그 자식이 맏아들보다 모든 면에서 월등한지를 보고 택하는 것이다. 태종이 책봉한 세자 양녕대군, 둘째인 효령대군보다 셋째인 충령대군(세종 世宗, 1397년-1450년)은 형들보다 모든 면에서 월등했다. 그런 면에서 태종의 뒤를 이어 그가 왕이 된 것은 충분히 이해할 수 있다. 하지만 야곱은 형과 비교가 되지 않았다. 성품은 유약하기 그지없고, 이기심으로 똘똘 뭉쳐 있으며, 목적을 위해서는 거짓말에 세상적인 방법까지 서슴없이 동원하는 그런 자였다. 그런데 왜 하나님은 이런 야곱을 택하셨을까?

왜 하필 약점투성이 야곱인가

이 질문에 대해 성경은 답한다. 첫째, 하나님은 강한 자가 아닌 약한 자를 사용하시길 기뻐하신다.

"형제들아 너희를 부르심을 보라 육체를 따라 지혜로운 자가 많지 아니하며 능한 자가 많지 아니하며 문벌 좋은 자가 많지 아니하도다 그러나 하나님께서 세상의 미련한 것들을 택하사 지혜 있는 자들을 부끄럽게 하려 하시고 세상의 약한 것들을 택하사 강한 것들을 부끄럽게 하려 하시며 하나님께서 세상의 천한 것들과 멸시 받는 것들과 없는 것들을 택하사 있는 것들을 폐하려 하시나니"(고전 1:26-28).

하나님이 전통적인 관례를 깨뜨리고 차자를 택하신 이유가 바로 여기에 있다. 바로 이 메시지를 주시기 위함이다.

당시 사람들의 뇌리 속에는 '장자는 언제나 강자'란 의식이 자리 잡고 있었다. 물론 장자로 태어난 것은 자기 의지나 노력의 결과가 아니다. 태어나 보니 장자인 것이다. 그런데 당시 장자들은 첫째로 태어났다는 사실만으로 교만하고 거들먹거렸다. 매사에 그것 하나를 붙잡고 잘난 체하며 상속에 우위를 점하는 것을 당연시하였다. 다른 형제들보다 상속을 두 배로 받아야 한다고 생각했다. 그러나 그것이 과연 자기 힘과 의지로 결정된 것일까?

우리 주위에도 이런 저런 '장자들'이 많다. 단지 부잣집에 태어났다는 이유만으로, 잘난 부모를 두었다는 이유만으로 특권을 누리려는 사람들이 있다. 최근 모 항공사에서 '땅콩 회항'에 이어 연속적으로 불거진 '물컵 투척 사건'도 꼴불견이다. 단지 기업 대표의 딸이라는 이유 하나만으로 아버지뻘 되는 임원, 직원들을 향하여 고래고래 소리를 지르며 물컵을 내던지는 형태는 있을 수 없는 '장자들'의 횡포다. 태생은 자기 의지와 노력의 산물이 아니지 않는가. 하나님은 지금 이런 자들의 의식을 여지없이 깨뜨리신다. 하나님은 강자를 버리고 약자를 얼마든지 쓰실 수 있는 분이다.

또한 주변을 둘러보면 법 없이도 살 것만 같은 훌륭한 사람들이 있다. 그러나 그런 사람들 중에 은근히 자신의 의를 의지하고 자랑하는 사람들이 많다. '이만큼 살면 됐지. 누가 나만큼 할 수 있겠어?' 하면서 교만에 빠진다. 더 나아가서는 다른 사람들을 비판하기도 한다. '하나님 믿는다는 크리스천이라면서 별 볼일 없구만' 하면서 하나님의 자리에 앉아 심판자가 된다. 이런 자들은 하나님을 믿는 것이 더 힘들다. 그러나 약점투성이인 사람들은 붙잡을 것이 하나님밖에 없다. 하나님만 의지한다. 바로 이런 자들이 경이로운 은혜를 체험한다. 하나님이 이런 사람들을 더 사랑하시기 때문이다. 이런 사람들에게 은혜를 베푸시기 때문이다.

"율법이 들어온 것은 범죄를 더하게 하려 함이라 그러나 죄가 더한 곳에 은혜가 더욱 넘쳤나니 이는 죄가 사망 안에서 왕 노릇 한 것같이 은혜도 또한 의로 말미암아 왕 노릇 하여 우리 주 예수 그리스도로 말미암아 영생에 이르게 하려 함이라"(롬 5:20-21).

야곱은 약점투성이였다. 그리고 세상에는 에서와 같은 강자보다 야곱과 같은 약자가 훨씬 더 많다. 그렇기 때문에 야곱의 이야기는 이 땅의 수많은 약자들을 향한 격려와 응원의 함성이다. 나처럼 약한 존재에게 하나님께서 주시는, 말로 표현할 수 없는 위로의 음성이다. 연약한 사람, 눌려 있는 사람, 뛰어나지 못한 사람, 가난한 사람, 인생의 그늘에서 평범하기 그지없는 삶을 살아가는 사람에게도 하나님은 은혜 베풀기를 원하신다. 그분은 못난 야곱을 택하신 것처럼 나를 들어 쓰시며 강하게 하실 수 있다. 나도 축복받는 사람이 될 수 있다. 하나님은 이스라엘의 관례를 깨뜨리신 것처럼 오늘 내 주변에 흐르는 상식을 여지없이 깨뜨리실 수 있다. 지극히 연약하고 소외된 사람, 배우지 못하고 가난하여 보잘 것 없는 사람, 낮은 사람들을 택하셔서 축복하실 수 있다. 그러므로 더는 신세타령을 하지 말자. 부모 형제와 환경을 탓하거나 원망하지 말자. 하나님은 우리를 향하여 좋은 계획을 가지고 계신다. 그 모든 것이 합력하여 선을 이룰 것이다.

> "우리가 알거니와 하나님을 사랑하는 자 곧 그의 뜻대로 부르심을 입은 자들에게는 모든 것이 합력하여 선을 이루느니라"(롬 8:28).

둘째, 하나님은 한 번 택하신 자를 절대 버리지 않으신다. 야곱은 태중에서부터 선택된 자였다. 지금으로 따진다면 '모태신앙'이다. 그러나 자라면서 행동은 전혀 '아니올시다!'였다. 온갖 인간적인 방법과 비겁함, 이기심과 욕심이 가득 찬 생활을 했다. 주변 사람들은 그런 야곱을 보면서 '하나님을 믿는 가정에서 모태신앙으로 태어나 어떻게 저 모양 저 꼴로 사는 걸까?' 하며 혀를 끌끌 찼을 것이다.

그러나 하나님은 말씀하신다.

"그런 인간을 내가 택하였노라."

그렇다. 엉망이요 망나니인 그를 하나님이 택하셨다. 그러고는 그 사람의 생애에 깊이 개입하셔서 그를 다듬으신 후 역사의 무대에 영광스런 작품으로 우뚝 세워 놓으신다. '내 멋진 작품을 보라'고 하시면서 말이다. 야곱의 생애를 추적해 보라. 한 번도 하나님은 그를 놓지 않으신다. 그가 광야에서 헤맬 때에도, 그가 밧단아람 평지에 있을 때도 하나님은 그를 붙잡으신다. 그리고 그가 처한 환경과 상황에서 하나님의 사람이 되게끔 다듬으신다.

만일 하나님이 강자인 장자나 완전한 자만을 택하시는 분이라면 지금 이 자리에 온전히 서 있을 사람이 있을까? 우리는 다 야곱이다. 버러지 같은 야곱이다. 그런 야곱을 선택하신 하나님은 지금 우리를 선택하신다. 바로 이것이 하나님의 선택이요 예정이다(사 41:14).

'예정'에는 우리의 기도가 포함된다

예정과 관련하여 놓치지 말아야 할 중요한 주제가 있다. 그것은 예정과 기도와의 관계다. 다음 질문에 답해 보라. 결혼해서 자녀를 낳지 못하는 문제가 하나님의 예정 속에 들어있을까? 중요한 질문이다. 이삭이 리브가와 결혼한다. 이 결혼은 하나님이 친히 결정하시고 축복하셨다. 그렇다면 이 두 사람 사이에서 축복의 상징이라고 할 수 있는 자녀가 생기는 것은 너무나 당연하다. 하나님이 축복의 증표로 자녀란 선물을 주셔야 한다. 그런데 실제 상황은 어떠했는가?

"이삭은 사십 세에 리브가를 맞이하여 아내를 삼았으니 리브가는 밧단 아람의 아람 족속 중 브두엘의 딸이요 아람 족속 중 라반의 누이였더라"(창 25:20).

"후에 나온 아우는 손으로 에서의 발꿈치를 잡았으므로 그 이름을 야곱이라 하였으며 리브가가 그들을 낳을 때에 이삭이 육십 세였더라"(창 25:26).

40세에 결혼한 이삭은 무려 20년이라는 세월이 흘렀음에도 자녀가 없었다. 이삭은 성경에서도 대표적인 신앙 좋은 인물이다. 그는 하나님의 주권과 섭리, 그분의 예정을 믿고 있었을 것이다. 그렇다면 20년 동안 자녀를 주시지 않는 하나님의 예정 앞에서 그는 어떤 태도를 취해야 했을까? 하나님의 예정을 믿고 받아들인다면 '자녀가 없는 것은 하나님의 뜻이니 어쩔 수 없다' 하고 포기해야 했을 것이다. 그 부분에 있어서는 무관심해 버려야 했을 것이다. 왜냐하면 주시지 않는 분이 하나님이시기 때문이다. 그러나 이삭은 어떻게 했는가?

"이삭이 그의 아내가 임신하지 못하므로 그를 위하여 여호와께 간구하매 여호와께서 그의 간구를 들으셨으므로 그의 아내 리브가가 임신하였더니"(창 25:21).

그가 기도하지 않았다면 과연 자녀를 얻을 수 있었을까? 어려운 질문이다. 그러나 한 가지 확실한 것은 그가 하나님께 기도하기 전까지는 자녀를 얻지 못했다는 것이요, 기도했더니 비로소 하나님께서 태의 문을 열어 주셨다는 사실이다.

이 사건을 놓고 조심스럽게 정리해 볼 수 있다. '우리의 기도까지도 하나님의 예정 속에 포함되어 있다. 우리의 전도까지도 하나님의 예정 가운데 포함되어 있다.' 이것이 우리가 하나님의 예정을 믿으면서도 기도해야 할 이유요, 다른 사람들에게 복음을 전해야 할 이유다. 그래서 주님은 우리를 향하여 기도하라고 하신 것이다(마 7:7-8).

이 진리를 야곱의 스토리는 더 명확하게 보여 주고 있다. 리브가가 드디어 임신을 했다. 그런데 배가 견딜 수 없이 아픈 것이다. 자궁 속에서 두 녀석이 쿵쾅거리는데 참을 수 없었다.

> "그 아들들이 그의 태 속에서 서로 싸우는지라 그가 이르되 이럴 경우에는 내가 어찌할꼬 하고 가서 여호와께 묻자온대"(창 25:22).

리브가가 처음부터 쌍둥이를 임신한 사실을 알았을까? 왜 그렇게 고통스럽고 불편한지를 알았을까? 전혀 몰랐다. "이럴 경우에는 내가 어찌할꼬"를 새번역 성경에서는 "이렇게 괴로워서야, 내가 어떻게 견디겠는가?"라고 번역했다. 날이면 날마다 견디기 어려운 고통과 통증이 계속되었다. 아파서 죽을 지경이다. 뱃속에 마치 짐승이 들어있는 것 같다. 요즘 같으면 초음파 등으로 간단히 진단할 수 있는 문제다. 하지만 당시는 도무지 알 수가 없었다. 태아가 병들어 요동을 치는 것은 아닌지 주변의 여인들에게 물어도 보았을 것이다. 하지만 시원한 해답이 없다. 고통은 점점 더 심해져 간다. 그러니 얼마나 힘들고 불안했겠는가?

그때 그녀는 어떻게 했는가? 자신의 문제를 가지고 하나님께 나아간다. 그리고 그분께 묻는다. 22절에 "여호와께 묻자온대"는 '하나님께 호소했다, 기도했다'는 뜻이다. 문제를 가지고 나아갔을 때 하나님은 속 시원히 알려 주셨다. 뱃속에 쌍둥이가 있다는 사실, 이들이 지금 서로 싸우고 있다는 사실, 그리고 저들에게 앞으로 일어날 비밀스런 일들까지 하나님은 세세히 알려 주셨다. 그 하나님의 음성을 들은 리브가는 비로소 불안을 떨쳐 버릴 수 있었을 것이다. 그리고 그 상황을 참고 견딜 수 있었을 것이다.

이삭과 리브가를 통해 배워야 할 것이 무엇인가? 그들은 '아이를 낳지 못하는 것은 하나님의 예정이니 어쩔 수 없다. 또는 '통증이 심하고 불안하며 고통스러운 것 역시 다 하나님의 예정이니 감내하자' 하고 넘어가지 않았다. 그것이 설령 하나님의 예정 가운데 진행되는 일이라 할지라도 이삭과 리브가는 기도했다. 그때에 하나님은 두 아들을 주셨고 문제의 원인을 알려 주셨다. 또한 감당할 수 있는 힘도 주셨다. 평안을 주시면서 넉넉히 그 시험을 이기게 하셨다.

하나님은 약한 자의 기도를 들으신다

우리는 하나님의 주권을 믿는다. 그분의 섭리와 간섭도 확신한다. 예정을 받아들인다. 그렇다고 고통과 고난이 있어도 가만히 있어야 하는가? 기도, 전도, 봉사, 헌신, 예배하지 않아도 되는가? 내 책임은 전혀 없는가? 더 나아가 죄 짓는 것까지도 하나님의 예정 가운데 있다고 스스로 위로하는가? 모든 책임은 전적으로 하나님께 있는 것인가? 결코 아니다. 야곱의 이야기를 통해서 우리는 바로 깨달아야 한다.

모든 일이 하나님의 예정 가운데 진행되는 것은 진리다. 그러나 하나님을 향한 나의 기도, 믿음, 열정, 헌신도 예정 속에 포함되어 있다. 하나님은 기도 앞에서 당신의 뜻까지도 돌이키시는 긍휼이 풍성하신 분이다. 니느웨는 40일 후에 망하도록 예정되어 있었다. 이 사실은 움직일 수 없는 하나님의 뜻이었다. 누가 그분의 뜻을 꺾을 수 있단 말인가?(전 7:13) 그런데 이 사실을 안 니느웨 백성이 왕은 물론 높고 낮은 자를 막론하고 굵은 베옷을 입고 재 위에서 부르짖으며 회개하기 시작했다(욘 3:5-6). 그때에 어떤 일이 일어났는가?

"하나님이 그들이 행한 것 곧 그 악한 길에서 돌이켜 떠난 것을 보시고 하나님이 뜻을 돌이키사 그들에게 내리리라고 말씀하신 재앙을 내리지 아니하시니라"(욘 3:10).

하나님의 예정 속에는 우리의 기도도 포함되어 있다. 히스기야의 기도는 하나님의 예정을 바꾸어 놓았다(사 38:1-5). 지금 포기하지 말라. 일어나서 기도하라. 약한 자를 들어 쓰시기를 기뻐하시는 하나님께서 지금 당신 곁에 계신다. 부르짖는 기도를 듣기 원하신다. 야곱의 하나님은 바로 당신의 하나님이시다.

"보소서 우리가 주께 왔사오니 주는 우리 하나님 여호와이심이니이다 작은 산들과 큰 산 위에서 떠드는 것은 참으로 헛된 일이라 이스라엘의 구원은 진실로 우리 하나님 여호와께 있나이다"(렘 3:22b-23).

Chapter 2

인간이 실패하는 때

창 27:1~14

　　　　　　　　　　　야곱이 형으로부터 장자권을 빼앗은 때의 나이는 대략 서른 살쯤으로 본다. 그 직후에 어떤 일이 일어났는지에 대해서는 성경이 침묵하고 있다. 그러나 추측컨대 외향적인 에서는 남성적인 기질을 유감없이 발휘하며 활동적인 생활을 했을 것이며, 야곱은 내성적인 성품이었기에 집안에서 가사를 돌보았을 것이다. 그로부터 40여 년의 세월이 흘러 이들의 나이가 70세쯤 되었을 무렵 또 한 사건이 터진다. 야곱이 형 에서가 받아야 할 아버지의 축복을 가로챈 일이다.

이삭은 왜 에서를 불렀을까

　이삭이 나이가 많아 매우 늙었다. 특히 이삭은 시력이 빨리 쇠퇴했던 것 같다.

"이삭이 나이가 많아 눈이 어두워 잘 보지 못하더니"(창 27:1a).

그는 자신의 생명이 얼마 남지 않았다는 사실을 직감했다. 그래서 에서에게 서둘러 축복해 주려고 한다. 그래서 어느 날 이삭은 에서를 부른다.

"맏아들 에서를 불러 이르되 내 아들아 하매 그가 이르되 내가 여기 있나이다 하니 이삭이 이르되 내가 이제 늙어 어느 날 죽을는지 알지 못하니 그런즉 네 기구 곧 화살통과 활을 가지고 들에 가서 나를 위하여 사냥하여 내가 즐기는 별미를 만들어 내게로 가져와서 먹게 하여 내가 죽기 전에 내 마음껏 네게 축복하게 하라"(창 27:1b-4).

이삭이 두 아들 중 에서를 축복하려는 이유는 무엇일까? 그의 평소 행동이 마음에 들어서였을까? 혹은 그가 효자였기 때문일까? 물론 이런 이유도 있었겠지만 가장 큰 이유는 그가 장자였기 때문이다.

이삭은 선친 아브라함으로부터 장자권과 축복권을 물려받았다. 바로 이 두 가지를 죽기 전에 다음 장자인 에서에게 물려주는 엄숙한 예식을 거행하려고 한 것이다. 이 과정에서 이삭이 고민한 흔적이 전혀 없다. 당연히 장자인 에서가 물려받아야 한다고 생각했다.

그러나 과연 이삭의 결정이 옳았을까? 저들이 태중에서 싸우고 있을 때 하나님은 분명히 말씀하셨다.

"여호와께서 그에게 이르시되 두 국민이 네 태중에 있구나 두 민족이 네 복중에서부터 나누이리라 이 족속이 저 족속보다 강하겠고 큰 자가 어린 자를 섬기리라 하셨더라"(창 25:23).

즉 하나님의 뜻은 '큰 자가 어린 자를 섬기는 것'이었다. 그리고 하나님께서는 이 말씀을 분명 '그에게' 말씀하셨다. 여기에서 문맥상 '그'는 이삭 또는 리브가다. 만약 '그'가 리브가라 할지라도 그녀가 이 엄청난 이야기를 하나님으로부터 듣고 남편인 이삭에게 알리지 않았을 리 없다.

이러한 정황으로 봤을 때 이삭은 하나님의 뜻이 큰 자가 어린 자를 섬기는 것이라는 사실을 알고 있었다. 설령 그가 처음에는 몰랐다고 하더라도 죽는 순간까지 모르지는 않았을 것이다. 팥죽 사건의 소용돌이 속에서 그는 분명히 하나님의 뜻을 깨달았을 것이다. 그럼에도 그가 야곱이 아닌 에서를 부른 이유는 무엇일까?

그는 하나님의 뜻을 중요하게 생각하지 않았다. 자기 생각과 고집대로 행동하기를 원했다. 자신이 볼 때에는 어느 모로 보나 에서가 현실적으로 장자이며 또 장자 감이었다. 그런데 하나님은 에서가 아니라 야곱이라고 말씀하신다. 그는 이 하나님의 뜻을 의도적으로 무시해 버리고 자기 생각과 판단에 따라 그가 할 수 있는 마지막 일, 즉 축복권을 사용하려 한다.

이삭은 영적 감각을 잃었다

도대체 이삭은 왜 이렇게까지 해서 에서를 축복하려고 했을까? 첫째, 이삭의 판단력에 문제가 생겼기 때문이다. 성경은 그의 나이가 많다는 것을 강조한다(창 27:1a). 그래서 엉성하고 어설프기까지 한 리브가의 속임수에 쉽게 넘어가고 만다.

> "리브가가 집 안 자기에게 있는 그의 맏아들 에서의 좋은 의복을 가져다가 그의 작은 아들 야곱에게 입히고 또 염소 새끼의 가죽을 그의 손과 목의 매끈매끈한 곳에 입히고"(창 27:15-16).

그런데 단지 늙었다고 해서 판단력에 문제가 생겼단 말인가? 물론, 나이는 어느 정도 판단력에 영향을 끼친다. 성경은 엘리 대제사장이 나이가 많아 늙었을 때 분별력을 잃고 있었음을 시사한다(삼상 3:19). 이삭 역시 어쩔 수 없이 나이가 들고 늙어 갔다. 늙어지니 모든 것이 이전과 같지 않다. 그러나 그보다 더 심각한 문제가 있었다.

둘째, 이삭의 영적 분별력이 흐려진 것이다. 세월을 이길 장사가 없다. 모두 다 늙으면서 기력은 쇠해지고 오감은 둔해진다. 그러나 우리는 낙심하지 않을 수 있다. 왜냐하면 우리의 속은 날로 새로워지기 때문이다.

> "그러므로 우리가 낙심하지 아니하노니 우리의 겉사람은 낡아지나 우리의 속

사람은 날로 새로워지도다"(고후 4:16).

심령에 새 생명을 부여받아 속사람이 날마다 새로워지는 사람들은 분별력이 생긴다. 하늘나라의 소망과 하나님의 말씀을 더 깊이, 더 선명하게 이해한다. 그래서 영적 세계에 대한 민감함이 결코 쇠하지 않는다.

그런데 이삭은 어땠는가? 나이가 들면서 육신의 눈이 어두워지는 것을 누가 멈출 수 있겠는가? 그것은 자연현상이다. 정작 그가 안고 있던 큰 문제는 누가 진정 축복을 받아야 할 자인지 분별하지 못했다는 것이다.

또한 이삭은 축복할 때 어떤 마음가짐으로 해야 할지에 대한 분별력도 없었다. 이삭은 축복에 앞서 에서에게 별미를 가져오라고 한다. 요리를 실컷 맛있게 먹고 아주 기분이 좋은 상태에서 축복하겠다는 것이다.

이삭이 지금 하려는 일이 무엇인가? 자신의 영감과 영적 능력을 다음 주자에게 넘겨주는 것 아닌가! 하나님으로부터 받은 지혜와 능력이 손을 얹고 기도하는 그 사람에게 임하기를 하나님께 간구해야 한다. 그야말로 영적 바통을 넘겨주는 엄숙한 순간이다.

모세가 여호수아에게, 엘리야가 엘리사에게, 예수님께서 제자들에게 이 축복권을 행사했다. 그런데 그 현장이 어떠했는가? 돈을 놓고, 혹은 맛있는 음식을 배불리 먹은 후에 이 권한을 행사했던가? 아니다. 진지한 자세로 하나님 앞에 임했다.

그런데 이삭은 어떤가? 시각을 상실해 가면서도 미각은 살아 있었는지 하나님 앞에서 아들에게 축복하는 자리에서 음식부터 찾는다. 나이가 들어도 날로 새로워질 수 있는 영적인 면에 있어서 이삭은 무척 둔감해져 버렸다. 여기서 우리가 분명히 기억해야 할 것이 있다. 그것은 영적인 감각을 잃지 말라는 것이다. 설령 시각, 미각, 촉각, 후각을 잃어버린다 할지라도 영적인 감각은 잃지 말아야 한다.

설교를 하는 사람으로서 자주 접대를 받는다. 특별히 강사로 말씀을 전하게 될 때면 설교 전에 정성스런 음식을 대접받는 경우가 많다. 대접하는 분을 생각하여 음식을 먹는다. 그러나 배부른 후에 강단에 서는 날에는 포만감이 영적 풍성함을 압도해 버린다. 강단에서의 영적 메시지가 풍성하지 못하다. 식사를 거른 후에 말씀을 전하면 더 능력 있는 메시지가 전달되는 것을 경험하곤 한다.

축복은 내가 가진 것을 주는 것이 아니다. 내가 하나님께로부터 받은 것이 다른 사람에게 임하기를 소원하는 것이 축복이다. 그러므로 모든 것의 주인은 하나님이시다. 그 복은 신령한 것이다. 먹고 배부른 후에 복을 빌겠다는 발상은 세속적인 것이다.

야곱의 축복은 어땠나

우리는 여기서 야곱의 축복 장면을 떠올리지 않을 수 없다. 야곱이 요셉의 두 아들을 축복하는 장면을 보라. 야곱 역시 이삭처럼 노년에 눈이 어두워져 있었다.

"이스라엘의 눈이 나이로 말미암아 어두워서 보지 못하더라 요셉이 두 아들을 이끌어 아버지 앞으로 나아가니 이스라엘이 그들에게 입맞추고 그들을 안고"(창 48:10).

눈이 어두워진 야곱에게 요셉은 자신의 두 아들을 데리고 간다. 그런데 이어지는 요셉의 행동이 흥미롭다.

"오른손으로는 에브라임을 이스라엘의 왼손을 향하게 하고 왼손으로는 므낫세를 이스라엘의 오른손을 향하게 하여 이끌어 그에게 가까이 나아가매"(창 48:13).

요셉의 의도가 보이는가? 요셉은 차자인 에브라임을 야곱의 왼손을 향하게 인도하고, 장자인 므낫세를 야곱의 오른손을 향하게 인도하여 데려간다. 요셉은 당연히 장자인 므낫세가 야곱의 오른손으로 축복받고, 차자인 에브라임이 야곱의 왼손으로 축복받게 했다. 그런데 이어지는 야곱의 행동을 보라.

"이스라엘이 오른손을 펴서 차남 에브라임의 머리에 얹고 왼손을 펴서 므낫세의 머리에 얹으니 므낫세는 장자라도 팔을 엇바꾸어 얹었더라"(창 48:14).

야곱은 오히려 오른손을 차자인 에브라임의 머리에 얹고 왼손을 장자인 므낫세의 머리에 얹었다. 요셉의 의도와는 달리 팔을 엇바꾸어 없고 축복했다. 그것을 보고는 요셉의 기분이 상했다. 그래서 야곱의 오른손을 므낫세의 머리로 옮기고자 하여 말한다. "아버지여 그리 마옵소서 이는 장자이니 오른손을 그의 머리에 얹으소서"(창 48:18). 그러나 야곱이 이를 용납하지 않고 이렇게 말한다. "나도 안다 내 아들아 나도 안다 그도 한 족속이 되며 그도 크게 되려니와 그의 아우가 그보다 큰 자가 되고 그의 자손이 여러 민족을 이루리라"(창 48:19).

"그날에 그들에게 축복하여 이르되 이스라엘이 너로 말미암아 축복하기를 하나님이 네게 에브라임 같고 므낫세 같게 하시리라 하며 에브라임을 므낫세보다 앞세웠더라"(창 48:20).

이삭과 야곱의 축복 장면을 보면서 어떤 차이점을 발견할 수 있을까? 두 사람 다 나이가 들어 육신의 눈이 어두웠지만 이삭은 엉뚱하게도 미각만 살아 있을 뿐 분별력이 없었던 반면, 야곱은 확고한 분별력으로 제대로 축복을 한다. 야곱이 요셉에게 한 말을 보면 그가 얼마나 분별력이 있었는지를 보여 준다. "나도 안다 내 아들아 나도 안다…." 비록 육적 눈은 어두워서 잘 볼 수 없었지만 야곱의 영적 분별력은 탁월했다.

이삭 안에는 하나님의 영이 역사하지 않았다

이삭도 나름대로 애는 썼다. 이삭은 축복권을 행사하기 전에 나름대로 최선을 다해 확인 작업을 했다.

"야곱이 아버지에게 나아가서 내 아버지여 하고 부르니 이르되 내가 여기 있노라 내 아들아 네가 누구냐 야곱이 아버지에게 대답하되 나는 아버지의 맏아들 에서로소이다 아버지께서 내게 명하신 대로 내가 하였사오니 원하건대 일어나 앉아서 내가 사냥한 고기를 잡수시고 아버지 마음껏 내게 축복하소서 이삭이 그의 아들에게 이르되 내 아들아 네가 어떻게 이같이 속히 잡았느냐 그가 이르되 아버지의 하나님 여호와께서 나로 순조롭게 만나게 하셨음이니이다 이삭이 야곱에게 이르되 내 아들아 가까이 오라 네가 과연 내 아들 에서인지 아닌지 내가 너를 만져보려 하노라 야곱이 그 아버지 이삭에게 가까이 가니 이삭이 만지며 이르되 음성은 야곱의 음성이나 손은 에서의 손이로다 하며 그의 손이 형 에서의 손과 같이 털이 있으므로 분별하지 못하고 축복하였더라"(창 27:18-23).

축복권을 행사하기 전 이삭은 어떤 행동을 했는가? 첫째, 지금 앞에 나타난 자가 누구인지 확인했다(18절). 둘째, 너무 일찍 짐승을 잡아 온 것을 수상쩍게 여겼다(20절). 셋째, 가까이 다가오도록 하여 직접 피부를 만져 보았다(21절). 넷째, 다시 한 번 그가 에서가 맞는지 확인했다(24절). 다섯째, 옷에서 나는 냄새로 누군지를 또 다시 확인했다(27절).

이렇게 그는 스스로 할 수 있는 모든 방법을 총동원하여 무려 다섯 차례에 걸쳐 무릎 꿇고 앉은 자가 누구인지 검증했다. 그리고 결론을 내렸다. '아! 내가 축복하려는 장자 에서가 틀림없구나!' 이삭은 자신의 경험 그리고 오감을 총동원한 검증을 믿었다. 그리고 그가 에서라고 확신했다. 그래서 '마음껏'(창 27:4) 축복을 한다.

이삭은 당시로서는 유일한 하나님의 제사장이요, 선지자라고 할 수 있다. 믿음의 조상이었던 아버지 아브라함으로부터 그 직을 이어받았기 때문이다. 제사장, 혹은 선지자는 어떤 사람인가? 겉으로는 평범해 보여도 그들은 사람에게 속해 사람의 영향을 받지 않는다. 하나님의 영이 있는 사람이요, 그 영의 지배를 받는 사람이다. 그의 안에서 역사하시는 영이 모든 것을 말씀해 주시고 가르쳐 주신다. 이 사실은 성경에 등장하는 다른 선지자들을 보면 알 수 있다.

선지자 사무엘은 가만히 앉아서 사울이라는 청년이 그에게 찾아올 줄 알았다(삼상 9:16). 선지자 나단은 다윗이 아무리 자기의 잘못을 숨기려 해도 다 알고 있었다(삼하 12:7). 선지자 아히야는 여로보암의 아내가 변장하고 찾아왔을 때 그 여자를 보지도 않고 이렇게 말한다.

"여로보암의 아내여 들어오라 네가 어찌하여 다른 사람인 체하느냐"(왕상 14:6).

어떻게 이런 일이 가능할까? 선지자이기 때문이다. 그 안에 하나님의 영이 역사하고 있기 때문이다.

그런데 이삭은 그렇지 못했다. 당시 하나님의 유일한 선지자였지만 눈앞에 펼쳐진 속임수에 넘어갔다. 그것도 일생 동안 함께 생활한 아들 하나 올바르게 구분하지 못했다. 그는 자기가 할 수 있는 여러 가지 방법을 통하여 검증하고 또 검증했다. 그리고 자기 생각이 틀림없다고 확신했다. 그러나 결과는 뒤통수를 맞아 버린 꼴이 되었다. 그야말로 엉성한 꾀에 완전히 속아 넘어가 버렸다. 무엇보다도 그는 하나님께 묻지 않았다. 자신의 판단을 전적으로 믿었다.

하나님의 영이 역사하지 않으면 실패한다

성경은 우리를 어떤 존재라고 말씀하고 있는가?

"그러나 너희는 택하신 족속이요 왕 같은 제사장들이요 거룩한 나라요 그의 소유가 된 백성이니 이는 너희를 어두운 데서 불러 내어 그의 기이한 빛에 들어가게 하신 이의 아름다운 덕을 선포하게 하심이라"(벧전2:9).

성경은 우리를 가리켜 왕 같은 제사장이라고 말씀한다. 유일한 근거는 내 안에 하나님의 영이 역사하고 계시기 때문이다. 이 영의 지배를 받아야 한다.

하나님의 영이 내 안에서 역사하지 않으면 나는 번번이 실패한다. 어느 때 영이 역사하지 않는가? 말씀이 내 마음에 풍성히 거하지 않을 때다. 말씀의 지배를 받지 못할 때 영이 역사를 멈춘다. 그러면 그때부터 내 고집, 내 생각, 내 판단이 나를 지배하기 시작한다. 스스로 잘한다고 생각하고 판단한다. 몇 차례의 검증 절차도 거친다. 그러고선 '이

번에는 틀림없다. 확실하다. 성공한다' 하고 확신하며 일을 추진하고 진행한다. 그러나 그 오만한 생각은 완전한 오산이다. 실패 후에 후회해 본들 아무 소용이 없다. 자신의 판단이 잘못되었음을 안 이삭의 입에서 어떤 말이 터져 나오는가?

"이삭이 심히 크게 떨며 이르되 그러면 사냥한 고기를 내게 가져온 자가 누구냐 네가 오기 전에 내가 다 먹고 그를 위하여 축복하였은즉 그가 반드시 복을 받을 것이니라"(창 27:33).

지금 나는 하나님의 영의 지배를 받고 있는가? 아니면 내가 나를 좌지우지하는가? 이삭을 통해서 이를 확인해 볼 수 있다.

기도하는가

하나님의 영이 역사하지 않는 사람은 기도의 문이 열리지 않는다. 기도해야 할 때에도, 정말 기도할 때임에도 불구하고 기도하지 않는다. 이삭을 보라. 지금 그가 하려는 일이 무엇인가? 하나님의 뜻을 좇아 장자를 세우는 중요한 순간이 아닌가? 동시에 이것은 제사장을 세우는 것이요 메시아의 혈통을 잇는 것이며 자신의 축복권을 넘겨주는 너무나 중요한 순간이다. 두 번 다시 할 수 없는 일생일대의 사건이 아닌가? 따라서 그 어떤 실수도 용납될 수 없다. 그럼에도 불구하고 그가 이 중요한 순간에 기도했다는 흔적을 찾아 볼 수 없다(창 27:30-40).

아무렇지도 않게 자신의 경험과 생각에 근거하여 일을 진행해 버리고 만다.

에서가 나중에 와서 울며 애원한다.

"아버지여! 나도 축복해 주십시오. 제발 나에게도 야곱에게 했던 축복의 부스러기라도 주십시오."

그러나 이삭은 고개를 흔들었다.

"내가 다 먹고 그를 위하여 축복을 다 해주었다. 너에게 해줄 수가 없구나!"

이삭이 저지른 실수는 그만큼 중요한 일이었다.

야곱을 축복하기 전에 이삭은 이상한 낌새를 느끼긴 했다.

"음성은 야곱의 음성이나 손은 에서의 손이로다"(창 27:22).

이때 하나님의 사람이라면, 제사장이요 선지자라면 무엇을 해야 할까?

"하나님이여, 내가 지금 하나님이 주신 이 귀한 축복권을 행사하려고 합니다. 한 명이 들어왔습니다. 그런데 저는 눈이 어두워 분별을 전혀 못하겠습니다. 음성은 야곱인데 손은 에서입니다. 도대체 누구입니까? 어떻게 해야 합니까?"

이렇게 기도했더라면 분명히 하나님은 누군지를 가르쳐 주셨을 것이다. 그리고 그에게 다시 한 번 하나님의 뜻을 알려 주셨을 것이다. 그랬다면 그는 야곱을 에서로 착각하지 않았을 것이다. 그러나 이삭은 자기 자신을 더 의지했다. 지금까지의 경험, 판단력, 촉감, 시력을 믿었다. 그리고 그 결과는 참담한 실패뿐이었다.

한때 여호수아도 그랬다. 여호수아는 이스라엘 백성을 이끌고 요단강을 건너 여리고성을 함락시킨 장본인이다. 엿새 동안 여리고성을 한 바퀴씩 돈 후 마지막 날 일곱 바퀴를 돌며 크게 소리를 질렀을 때 철옹성 같은 여리고성이 무너져 내렸다(수 6:1-16). 진정 놀라운 경험이다. 여리고성 함락의 원인이 어디에 있는가? 하나님의 말씀에 전적으로 순종한 결과다. 그럼에도 여호수아는 아이성 함락에 이 원리를 적용시키지 않았다. 아이성은 여리고성과 비교할 때 상대가 되지 않는 작은 성이었지만 결과는 참담한 패배였다. 그 원인이 무엇이었는가? 물론 아간의 범죄를 놓칠 수 없다. 그러나 더 중요한 것은 여호수아가 아이성 공격을 앞에 놓고 하나님께 물어보지 않았다는 점이다. 여호와께 물었더라면 놀라운 지혜를 주셨을 것이다. 그러면 아이성 패배를 미연에 방지할 수 있었을 것이다.

이런 여호수아의 실수는 기브온 거민들을 대할 때에도 나타난다. 저들이 멀리서 온 것처럼 자신들을 위장하고 여호수아 앞에 나타났다. 그때 여호수아는 자신의 경험과 육신의 눈을 믿었다. 그러고선 "여호와께 묻지 아니하고"(수 9:14) 기브온과 화친 조약을 맺는 실수를 범하고 만다(수 9:1-15).

지금 나는 어떠한가? 중요한 일을 앞에 놓고 하나님께 물어보는가? 진지하게 하나님의 뜻을 찾는가? 다윗처럼 구체적으로 물어보는가?(삼하 2:1) 중요한 일을 앞에 놓고 기도하지 않는 사람, 자신의 지식과 경험을 의지하며 살아가는 사람은 그 영이 메말라 있는 첫째 증거이다.

기쁨과 감동이 있는가

영이 메마르면 나타나는 또 하나의 증상이 있다. 그것은 신앙생활을 하면서도 기쁨과 감동이 사라진다는 것이다. 신앙생활은 즐거움과 기쁨의 표현이다. 하나님께서 우리에게 베풀어 주신 은혜가 너무도 감사해서 그 기쁨을 찬양, 물질, 예배로 표현하는 것이다. 그런데 영이 메마르면 기쁨, 즉 감동이 없다. 억지로, 가식적으로 무엇을 해보려고 해도 중심에서 기쁨과 감동이 우러나오지 않는다.

이삭은 하나님을 대신하여 한 사람을 축복하는 일, 즉 하나님의 사역을 하고 있다. 이 얼마나 기쁘고 감격스러운 일인가! 그런데 어찌된 일인지 감동이 없다. 자기를 대신하여 후계자를 세우는 이 중요한 일을 하는데 기쁨이 없다. 그래서 그는 인위적으로 감동을 일으켜 보려고 안간힘을 쓴다. 그런 의미로 별미를 먹는다. 그런데 감동도 기쁨도 생기지 않는다. 포도주를 마시면 감동이 생길까 하여 마셔 본다. 그런데 그것도 그때 뿐이다. 그래서 그는 아들보고 입 맞추어 달라고 요청한다. 그래도 감동이 일어나지 않는다. 그래서 이제는 아들의 옷에 얼굴을 파묻고 향취를 맡으므로 감동을 일으켜 보려고 안달한다. 그래도 기쁨과 감동이 없다.

영성이 메마른 사람들에게는 이와 같이 감동이 없다. 표정이 석고

상과 같이 굳어 있다. 어떤 일이든지 짜증부터 낸다. 마음에 즐거움과 기쁨이 전혀 없는 상태에서 억지로 예배, 봉사, 직분을 감당한다. 얼마나 힘들고 괴로운 일인가!

지금 내 모습은 어떤지 살펴보자. 기쁘고 즐겁게 자원하는 마음으로 주를 섬기며 예배드리고 봉사하는가? 아니면 이삭과 같이 억지로 사역을 감당하고 있는가? 혹 이삭과 같이 영성이 메말라 있다면 성령의 지배를 받게 해 달라고 하나님께 기도하라. 하나님께서 회복시켜 주실 것이다.

실수하고 실패하고 싶은 사람이 어디 있겠는가? 최선을 다하지 않는 사람 또한 어디 있겠는가? 그런데 이상하게 결과가 정반대로 나타나는 경우가 허다하다. 무슨 일을 해도 번번이 실패한다. 그럴 때 이삭의 사건을 기억하자. 하나님의 자녀는 성령의 지배를 받을 때 비로소 모든 것이 형통한다. 때문에 우리 모두 성령의 지배를 받는 자 되기를 힘써야 한다. 죄가 판치는 세상에서 술 취하지 말고 그야말로 성령의 충만함을 입어야 한다(엡 5:18). 성령의 인도하심을 좇아 무엇이든지 판단하고 추진할 때 다시는 시행착오가 없을 것이다. 그뿐만 아니라 그 마음속에 기쁨과 감동이 찾아올 것이다(시 4:7). 더 나아가 하나님께서 나를 위하여 예비해 두신 놀라운 축복의 소유자가 될 것이다.

"내가 이르노니 너희는 성령을 따라 행하라 그리하면 육체의 욕심을 이루지 아니하리라"(갈 5:16).

Chapter 3

인간의 악행은
하나님의 뜻을 막지 못한다

창 27:15~19

세상이 빠르게, 그러면서도 무섭게 바뀌고 있다. 가정이 해체되는 소리가 여기저기서 들린다. '평생직장'이라는 개념이 사라지듯이 '평생부부'라는 개념도 희미하다. 얼마든지 헤어지고 다시 만날 수 있다는 사고가 팽배해졌다. 이혼율은 급격히 상승곡선을 그리고, 가정 내 살인, 성폭력 사건들이 끊이지 않는다. 베드로 사도는 '만물의 마지막이 가까이 왔다'고 경고한 바 있다(벧전 4:7).

성경은 말세가 되면 어떤 현상들이 일어날 것이라고 예언하는가?

"불법이 성하므로 많은 사람의 사랑이 식어지리라"(마 24:12).

말세의 징조 중 하나는 사랑이 식어지는, 즉 '사랑 냉각기'에 접어

드는 것이다. 세상 종말이 가까우면 가까울수록 참된 사랑은 없어지고 싸늘하게 식어 버린 차가운 사랑이 내 피부를 할퀼 것이다. 사랑이 식어 가는 교회와 사회를 상상해 보라. 아니 이미 오늘 우리는 이런 현상을 목도하고 있다. 서로 반목하고 질시하며 내 편 네 편으로 갈려 싸우는 수많은 갈등의 중심부에 있다.

말세가 되어 사랑이 식어 가는 현상이 일어날 때 가장 먼저, 그리고 크게 피해를 당하는 곳이 어디일까? 그곳은 가정이다. 왜냐하면 가정은 사랑이라는 토양에서 자라는 특징을 가지고 있기 때문이다. 가정은 가족들의 사랑으로 구성된 유기체이기에 사랑의 모체母體와 같다. 가정이라는 공동체에서 진정한 사랑을 맛보며 자란 자들은 다른 공동체 안에서도 사랑의 실천자가 될 수 있다. 그러나 가정이 붕괴될 때, 그래서 관계가 변질된 가정이 많아질 때 그런 환경에서 성장한 자녀들이 중심을 이룬 사회의 미래는 절대 밝을 수 없다. 이렇게 볼 때 가정의 중요성은 아무리 강조하여도 지나침이 없다.

우리 가정에 예배가 있는가

가정을 바로 세우는 길이 무엇일까? 무엇보다도 그 가정에 하나님이 좌정하셔야 한다. 하나님이 주인이 되시는 가정이 되어야 한다는 말이다. 아버지, 어머니, 혹은 남편, 아내가 가정을 좌지우지해서는 안 된다. 하나님이 중심에 계셔야 한다. 하나님이 리더가 되는 가정은 결코 흔들릴 수 없다.

그러면 어떤 가정이 하나님을 모신 가정일까? 그 무엇보다도 예배가 있는 가정이라고 할 수 있다. 말씀을 앞에 놓고 가족 구성원들이 말씀의 권위에 복종하는 것이 하나님을 주인으로 모시는 가정의 모습이다.

그런데 이삭의 가정에는 예배가 없었다. 예배가 없으니 말씀이 메말랐다. 말씀이 지배하지 않는 가정의 결과는 어떠할까? 인간의 본성들이 난무할 뿐이다. 그래서 더는 가정이라고 할 수 없는 상상할 수 없는 일들이 가족 간에 일어난다. 동생이 형을 속이고 아들이 아버지를 속이고 아내가 남편을 속인다. 이 얼마나 불행한 일인가? 서로 간의 대화는 완전히 단절된 채 말이다. 방문을 꼭꼭 걸어 잠그고 각자 따로 논다. 대화가 사라진다. 가족임에도 불구하고 도대체 무슨 일을 하고 있으며 어떤 생각들을 하고 있는지 공감대가 전혀 없다. 각자가 자기 생각과 고집대로 행동한다. 아버지는 아버지대로, 아내는 아내대로, 자식은 자식대로 말이다. 서로의 고민과 비전을 나누지 않는다. 가정의 중대사를 놓고서도 머리를 맞대고 의견을 교환하지 않는다. 더 나아가 가족 구성원의 약점을 이해하고 불쌍히 여기며 덮어 주기는커녕 약점까지 철저하게 이용한다. 말씀 앞에서 가정을 향한 하나님의 뜻이 과연 무엇인지를 찾는 진지한 나눔을 발견할 수 없다.

하나님의 말씀이 내 가정을 지배할 수 있도록 해야 한다. 그 말씀이 판단의 잣대가 되도록 해야 한다. 말씀이 내 가정의 남편, 아내, 자녀의 마음을 지배할 수 있도록 해야 한다. 아버지의 권위, 어머니의 잔소리가 지배하는 가정이 아니라 하나님의 말씀 앞에 모두가 복종하는 가정이 되도록 해야 한다. 이것이 우리 모두의 소원이 되어야 한다.

담대히 전하라

우리는 생각해 봐야 한다. 과연 이삭의 축복 사건에서 문제는 이삭에게만 있었던 것인가? 그의 아내 리브가는 이삭이 눈과 영이 둔해져 하나님의 뜻을 거스르는 판단을 하는 동안 돕는 자로서 무엇을 한 것일까? 성경은 당시의 상황을 이렇게 알려 준다.

"이삭이 그의 아들 에서에게 말할 때에 리브가가 들었더니 에서가 사냥하여 오려고 들로 나가매"(창 27:5).

이삭이 에서를 축복하려 한다는 사실을 공교롭게도 리브가가 알게 된다. 리브가는 오래전부터 하나님의 축복이 에서가 아닌 야곱에게 임할 것이라는 사실을 알고 있었다. 그런데 가만히 보니 상황이 잘못 굴러가고 있는 것이 아닌가! 야곱이 아닌 에서가 축복을 받는 상황이 일어나려고 한다.

바로 이때 리브가는 엉뚱한 계획을 세운다. 야곱을 에서로 위장하여 이삭 앞에 서도록 함으로써 축복을 가로채려는 것이다. 이 리브가의 행위를 우리가 어떻게 보아야 할까? 하나님의 뜻을 바로잡으려 했으니 그의 속임수는 정당한 것일까? 정말 그럴까? 누군가를 속인다는 것은 분명히 잘못된 것이다. 게다가 리브가는 정말 중요한 실수를 범했다.

리브가는 하나님의 말씀을 받은 자다. 그렇다면 어떤 어려움과 고

난이 예견된다 할지라도 "큰 자가 어린 자를 섬기리라"(창 25:23)는 하나님의 뜻을 온 가족에게 알려야 한다. 배우자인 이삭과 두 아들 에서와 야곱에게 알려야 한다. 그러나 그녀는 한 번도 자신이 들은 하나님의 뜻을 가족에게 알린 흔적이 없다. 더군다나 지금 남편이 하나님의 뜻에 어긋나는 행동을 하려고 하는데도 말리려 하지 않는다. 오히려 인간적인 '약은 꾀'를 동원해 남편을 속이려 하고 있다.

전쟁터에서 포로로 끌려가 나아만의 집에서 몸종으로 종살이를 했던 한 이름 없는 소녀를 기억하는가? 주인이 큰 용사였지만 나병환자라는 사실을 알았을 때 그녀는 어떻게 했는가?

"전에 아람 사람이 떼를 지어 나가서 이스라엘 땅에서 어린 소녀 하나를 사로잡으매 그가 나아만의 아내에게 수종들더니 그의 여주인에게 이르되 우리 주인이 사마리아에 계신 선지자 앞에 계셨으면 좋겠나이다 그가 그 나병을 고치리이다 하는지라"(왕하 5:2-3).

상대가 누구인데 감히 이런 말을 할 수 있단 말인가? 하지만 소녀는 자신이 알고 있는 '복음'을 담대히 전했다. 그러자 어떤 결과가 나타났는가? 소녀의 이 한마디가 파장을 일으키기 시작한다. 여주인에게서 나아만에게로, 다시 아람 왕의 귀에까지 전해지지 않았던가!

이삭의 '별미 해프닝'이 또 하나의 메시지를 우리에게 던진다. 이 집안의 모든 권한이 지금 이삭에게 있다. 그런 이삭이 에서를 축복하기로 결심했다. 그런데 그 사실을 아내가 아는 순간 상황은 원치 않는 방향으로 혼란스럽게 돌아간다. 아내가 남편을, 자식이 아버지를 속인다. 집안에 대성통곡이 터져 나온다. 미움과 복수의 칼날이 번뜩인다. 그야말로 살벌하기 그지없다.

그러나 놀랍게도 일이 다 끝난 후에 확인되는 것은 하나님께서 원하시는 방향으로 복이 흘러갔다는 사실이다. 그럼에도 리브가는 자신이 지은 죄에 대해 책임을 져야 한다. 그녀는 이 사건을 아들과 모의하면서 이렇게 말한다.

"어머니가 그에게 이르되 내 아들아 너의 저주는 내게로 돌리리니 내 말만 따르고 가서 가져오라"(창 27:13).

이런 리브가가 어떻게 되었던가? 그녀는 생전에 다시는 사랑하는 아들 야곱의 얼굴을 보지 못한다. 이 얼마나 가슴 아픈 일인가! 빌라도의 법정 앞에서 무리는 외쳤다. "그 피를 우리와 우리 자손에게 돌릴지어다"(마 27:25). 이렇게 외친 유대인의 후손들은 그 이후 어떤 시련을 겪었던가? 말을 함부로 내뱉어서는 안 된다.

하나님은 우리의 악행까지도 사용하신다

우리가 이 사건을 통해서 꼭 발견해야 할 진리가 있다. 그것은 하나님께서 리브가의 올바르지 못한 행동까지도 사용하셔서 자신의 선한 뜻을 이루셨다는 사실이다. 우리가 참으로 이해하기 힘든 것은 하나님께서 이처럼 악도 사용하신다는 사실이다.

　세상에는 악한 자들이 참 많이 있다. 그들은 자기 머리를 굴려서 여러 가지 악한 계획을 세우고 실천한다. 그런데 일이 끝난 후에 보면 하나님의 뜻만 성취되어 있다. 과연 그 이유가 무엇일까? 그것은 하나님께서 모든 것을 창조하시고 주장하시며 섭리하시기 때문이다. 심지어 사탄까지도 하나님의 장중에 있다.

　하나님께서 아담과 하와의 타락을 허용하셨다. 이들은 자기들의 욕심과 교만 때문에 죄를 지었다. 그러나 에덴동산 사건의 결과는 무엇이었는가? 하나님의 은혜, 구원의 놀라운 파노라마의 출발점이 되었다. 만약 그들이 범죄하지 않았더라면 하나님의 은혜의 신비로운 모습은 드러나지 못했을 것이다. 그렇다고 해서 범죄한 아담과 하와의 행동을 칭찬하며 손을 들어줄 수는 없다.

　바로가 그렇게도 악을 쓰며 하나님을 대적했다. 그러나 그가 그런 사람이 아니었다면 열 가지 재앙이 나타났을까? 과연 홍해가 갈라졌을까? 빌라도, 가룟 유다의 경우도 마찬가지다. 빌라도의 오만, 가룟 유다의 욕심 때문에 예수님은 십자가에 못 박히게 된다. 그러나 그 십자가 사건으로 위대하고 크신 하나님의 사랑이 세상에 드러나게 되었다. 그렇다고 해서 빌라도, 그리고 가룟 유다의 행동이 정당화 될 수는 없다.

　이 모든 사건이 우리에게 가르쳐 주는 것이 무엇인가? 인간이 아무리 몸부림을 쳐 봐도 하나님께서는 자신이 원하시는 곳으로 모든 사건을 이끌어 가시고, 자신이 원하시는 사람에게 복을 주신다는 진리다.

지금 내 앞에 전개되는 상황을 놓고 너무 일희일비하지 않아야 한다. 너무 쉽게 흥분하지도 말아야 한다. 결국은 하나님의 뜻대로 이루어진다. 하나님은 그 뜻을 이루기 위해 악한 자까지도 사용하신다. 그러므로 하나님의 뜻이 이루어질 수 있도록 기도하며 기다리는 자가 되기를 힘써야 한다.

"일을 행하시는 여호와, 그것을 만들며 성취하시는 여호와, 그의 이름을 여호와라 하는 이가 이와 같이 이르시도다 너는 내게 부르짖으라 내가 네게 응답하겠고 네가 알지 못하는 크고 은밀한 일을 네게 보이리라"(렘 33:2-3).

Chapter 4

바닥을 쳐야
시작되는 기적

창 28:10~15

" 누구나 살아가면서 적어도 한 번은 생의 분기점을 경험한다. 인생에서 성공하느냐, 아니면 실패하느냐는 바로 그 분기점을 어떻게 대처하느냐에 따라 결정된다.

아브라함에게 생의 분기점은 모리아산에서다. 그는 하나님께로부터 아들을 재물로 바치라는 명령을 받았다. 그것도 하나밖에 없는 아들을 말이다. 도무지 이해할 수 없는, 그래서 받아들일 수 없는 하나님의 명령 앞에서 아브라함은 "아침에 일찍이 일어나"(창 22:3) 아들을 데리고 모리아산으로 간다. 가는 길에 이삭이 아브라함에게 묻는다. "불과 나무는 있거니와 번제할 어린 양은 어디 있나이까"(창 22:7). 아들의 이 질문에 아브라함은 아브라함은 아들의 이 질문에 가슴이 찢어지는 듯했을 것이다. 그럼에도 사흘 길을 흔들림 없이 걸어간다. 그리고 아들을 묶어서 하나님 앞에 온전히 바친다. 결코 주저하거나 망설이지 않는다. 하나님께서 황급하게 "아브라함아, 아브라함아" 하시며 칼을 든 손을 말리실 정도로 흔들림이 없었다(창 22:11). 이 사건을 계기로 아브라함은 믿음의 조상으로 지금 우리 앞에 우뚝 서 있다.

엘리야에게 있어서 생의 분기점은 갈멜 산이었다. 그는 혼자서 바알과 아세라 신을 섬기는 거짓 선지자 850명과 대결해야 했다. 무척 떨리고 두려웠을 것이다. 그러나 그는 죽음을 각오하고 이들과 대결을 벌인다. 그 결과 그는 죽음을 맛보지 않고 하늘에 들림을 받는 놀라운 인물로 우리 앞에 우뚝 서 있다(왕하 2:11).

사울이라는 청년에게 있어서 생의 분기점은 다메섹 도상에서다. 그는 자신만만했다. 아니 살기등등하기까지 했다. 품속에 원수들을 죽여도 좋다는 공문을 넣고선 다메섹을 향해 내달렸다. 바로 그때 갑자기 하늘이 환하게 열린다. 그리고 하늘에서 음성이 들린다. "사울아 사울아 네가 어찌하여 나를 박해하느냐"(행 9:4). 이 말씀 앞에 거꾸러진 청년 사울이 묻는다. "주여 누구시니이까 이르시되 나는 네가 박해하는 예수라"(행 9:5). 다메섹 도상에서 그는 드디어 바울이 된다. 이 사건이 분기점이 되어 박해자가 오히려 순교자가 된다. 그리고 그는 역사에 길이 남는 의미 있고 뚜렷한 발자취를 남긴다.

인생에 실패했을 때 하나님과의 만남은 시작된다

지금 어떤 상황에 던져져 있는가? 그것이 혹시 일생일대의 분기점은 아닌가? 이것은 대단히 중요한 질문이다. 우리는 지금 야곱의 삶을 추적하고 있다. 그는 참으로 약점투성이의 인물이다. 어쩌면 그렇게 우리 모습과 닮았을까? 조급하고 시기심 많고 욕심쟁이에 이기적이며 남이 앞서가는 것을 눈 뜨고는 못 봐준다. 이것은 본성이었다. 그래서 뱃속에서조차 쌍둥이 형의 발꿈치를 붙잡고 늘어지지 않았던가. 바로 이런 모습이 오늘 우리의 자화상이다. 그는 '팥죽 한 그릇'으로 남이 누려야 할 축복까지 빼앗아 버린다. 자기의 유익을 위해서라면 수단과 방법을 가리지 않으며 거짓말도 서슴지 않는다. 그는 그렇게 칠십 평생을 살았다.

그런데 그런 그가 쫓기는 신세가 되었다. 남의 눈에 피눈물을 쏙 빼면서까지 잘 살아 보려고 그렇게 버둥거렸는데 가진 것 하나 없는 빈털터리가 되었다. 이웃도, 가족도, 재산도, 가정도 다 잃었다. 이젠 혈육인 형에게조차 미움과 증오의 대상이 되어 '걸음아, 나를 살려라' 하고 도망쳐야 하는 불쌍한 신세가 되었다. 지금에 와서 인생의 대차대조표를 작성해 보니 모든 것이 마이너스다.

그는 지친 상태로 거친 광야에서 돌을 베개 삼아 찬 이슬을 맞으며 잠을 청한다. 잠이 제대로 왔을까? 차라리 그가 쓰러졌다고 보는 것이 더 정확할 것이다. 그때 그의 심정이 어땠을까? 나이는 벌써 70인데 손에 쥔 것이 하나도 없으니 더는 무엇에 도전하며 미래를 그릴 수도 없다. 더는 소망과 꿈조차 가질 수 없는 상황이다. 그런데 절망만 가득한 바로 그 현장에 누군가 나타난다. 누군가 인생 실패자인 그를 만나러 다가오셨다. 그가 누구인가? 바로 하나님이시다.

지금 나이가 어느 정도 되었는가? 이루어 놓은 것은 무엇이며, 손에 무엇을 쥐고 있는가? 어떤 계획과 꿈을 가지고 있는가? 혹시 더는 소망이 없다고 생각하는가? 바로 그때 하나님께서 그런 자를 만나 주신다.

인생에 실패했을 때 하나님과의 만남은 시작된다. 그때 엘리야는 '인생 실패자'였다. 죽기로 자처할 정도였으니까 말이다. 그런데 그 엘리야를 하나님은 만나 주신다. 엘리야가 죽을 힘을 다하여 호렙 산을 찾았을 때 그 현장에서 세미한 음성으로 만나 주셨다(왕상 19:8). 그렇다면 인생의 실패자, 도망자인 야곱은 어디에서 만나 주셨는가? '벧엘', 즉 하나님의 집이다(창 28:19). 벧엘은 오늘날의 교회를 의미한다. 바로 이 교회에서 지치고 상한 영혼을 만나 주신다. 인생의 실패자, 손가락질 받는 자, 미움과 증오의 대상자를 만나 주신다. 그런 자를 어루만져 주시고, 힘주시며, 새 은혜를 베풀어 주기를 원하신다. 바로 오늘날 이 교회에서 야곱과 같은 우리 모두가 하나님을 만나는 영적 체험이 있기를 바란다.

영적 눈을 뜨면 감추인 보화가 보인다

그날 밤 야곱에게 나타나신 하나님은 그에게 놀라운 영적 경험을 하게 하신다.

"꿈에 본즉 사닥다리가 땅 위에 서 있는데 그 꼭대기가 하늘에 닿았고 또 본즉

> 하나님의 사자들이 그 위에서 오르락내리락 하고 또 본즉 여호와께서 그 위에 서서 이르시되 나는 여호와니 너의 조부 아브라함의 하나님이요 이삭의 하나님이라 네가 누워 있는 땅을 내가 너와 네 자손에게 주리니"(창 28:12-13).

여기에서 유의 깊게 보아야 할 표현이 있다. 12절에 "꿈에 본즉"이라는 표현이다. 그 뒤에도 "또 본즉"이란 표현이 두 번이나 등장한다. 여기에 사용되고 있는 '보다'는 히브리어로 '히네'הנה다. 그런데 이 '히네'는 단순히 '본다'라는 의미가 아니다. '야! 정말 놀랍다', '정말 희한하다'라는 뜻을 가진 감탄사다. 놀라움의 표시인 것이다. 예를 들면, 날 때부터 앞을 못 보던 자가 개안수술을 받았다고 생각해 보자. 수술이 끝나고 처음 안대를 벗을 때 두려움과 흥분, 기대감으로 가득 찰 것이다. 그리곤 이어 '이런 세상이 있었구나!' 하고 감눈물을 글썽이며 감격할 것이다. 이때 사용하는 단어가 '히네'다.

야곱이 지금까지 소경이었는가? 아니다. 그는 우리와 똑같은 눈을 가지고 있었다. 그런데 성경은 놀랍게도 '히네'를 쓰고 있다. 야곱은 지금 과거에는 전혀 보지 못했던 희한한 광경을 보면서 감탄사를 연발하고 있는 것이다.

중국에서 한 젊은이가 대낮에 금은방에 들이닥쳤다. 그는 주위에 많은 사람이 보고 있는데도 아랑곳하지 않고 금붙이를 한 움큼 집어 들고 달아났다. 나중에 붙잡혀 온 그 젊은이에게 경찰이 물었다.

"뻔뻔스러운 놈, 사람들이 빤히 보고 있는데도 물건을 훔쳐?"

그러자 젊은이가 말했다.

"제가 눈이 뒤집혀져서 금덩어리 밖에는 아무것도 보이지 않았습니다."

야곱이 바로 젊은이와 같은 자였다. '모태신앙'을 은근히 자랑하고 있었을 것이다. 그도 그럴 것이 그는 적어도 3대째 신앙생활을 했다. 그의 할아버지가 누구인가? 믿음의 조상 아브라함이 아닌가! 그야말로 가장 높은 장로의 가문에서 신앙을 이어받아 온 것이다. 그러니 야곱 스스로도 나름대로 하나님을 잘 알고, 잘 믿는다고 자부해 왔을 것이다. 그러나 그의 눈에는 세상적인 것밖에 보이지 않았다. 진정 봐야 할 것을 보지 못하는 소경, 그의 영적 눈은 완전히 닫혀 있었다. 때문에 눈앞에 보이는 것이 전부인양 오로지 그것을 붙잡기 위해 수단과 방법을 가리지 않았던 것이다.

그런데 그날 밤, 하나님은 그런 야곱을 찾아오신다. 그리고 실패자 야곱에게 제일 먼저 하신 일은 영의 눈을 고쳐 주신 것이다. 다메섹 사건으로 눈이 어두워진 사울의 눈에 비늘을 벗겨 주시고(행 9:18), 발람의 눈을 밝히셨듯이(민 22:31) 그의 눈을 열어 주셨다. 이제 야곱은 지난 칠십 평생 동안 보았던 세계 그 이상의 것이 있음을 보기 시작했다. 전혀 다른 세계가 그의 눈앞에 펼쳐졌다. 그러자 그는 지금까지 보고 경험한 것 이상의 또 다른 세계가 있다는 것을 깨닫기 시작했다. 그것도 한 번이 아니라 세 번이나 확실하고 분명하게 보면서 깨달았다. 실로 70년 만에 그의 영적 눈이 열리는 감격을 맛보고 있다.

오늘 우리가 안고 있는 가장 심각한 문제는 무엇인가? 영적 눈이 감겨 있다는 것이다. 주위를 살펴보면 눈이 감겨서, 아니 뒤집어져서 일생을 두고 쌓아온 인격, 명예, 재물, 신앙까지도 일순간에 쏟아 버리는 자들이 얼마나 많은가? 그러나 이런 자들일지라도 영적 눈이 열리면 지금까지 보지 못하던 것을 보게 된다. 이 눈이 열리면 무엇이 더 가치 있는 것인지를 발견하게 된다. 그래서 지금 내가 보고 있는 것이 결코 전부가 아니라는 사실을 깨닫게 된다. 때문에 주님은 말세를 상징하는 라오디게아 교회에게 말씀하시기를 "안약을 사서 눈에 발라 보게 하라"(계 3:18)고 하셨다. 말세지말末世之末을 사는 우리에게 나타나는 공통적인 현상이 바로 이것이기 때문이다.

그리고 보니 성경은 '보는 것'에서 시작하여 '보는 것'으로 끝난다. 에덴동산의 아담과 하와는 '보는 것' 때문에 죄를 범했다. 하나님은 이런 그들을 에덴동산에서 쫓아내셨다. 그리고 그 에덴동산을 "두루 도는 불 칼"(창 3:24)로 지키셨다. 그 에덴동산이 어떻게 되었을까? 하나님께서 그렇게도 흡족해하며 지으신 에덴동산이 지금 어디에 있을까? 지상에서 영원히 사라져 버렸을까? 나는 그렇게 보지 않는다. 에덴동산은 있다. 다만 우리가 보지 못하고 있을 뿐이다.

요한계시록 21장에 보면 밧모 섬에 유배되었던 사도 요한의 눈이 어느 날 환하게 열린다. 그가 열린 눈으로 이렇게 고백한다.

"또 내가 새 하늘과 새 땅을 보니 처음 하늘과 처음 땅이 없어졌고 바다도 다시 있지 않더라 또 내가 보매 거룩한 성 새 예루살렘이 하나님께로부터 하늘에서 내려오니 그 준비한 것이 신부가 남편을 위하여 단장한 것 같더라"(계 21:1-2).

사도 요한의 눈앞에 펼쳐진 새 하늘과 새 땅은 과연 어디에 있던 것일까? 새 하늘과 새 땅 사건 앞의 말씀을 아무리 살펴보아도 '창조'라는 단어는 등장하지 않는다. 때문에 이 밧모섬의 사도 요한이 보았던 새 하늘과 새 땅이 창조하신 에덴동산과 전혀 무관하다고는 할 수 없지 않을까?

창세기 21장에서 아브라함의 몸종 하갈이 아들 이스마엘과 함께 쫓겨난다. 모자는 광야에서 헤매다가 지쳐 쓰러져 마주보고 방성대곡한다. 그곳에서는 물을 구하려야 구할 수 없었기 때문이다. 그런데 어떤 일이 일어났는가?

"하나님이 하갈의 눈을 밝히셨으므로 샘물을 보고 가서 가죽부대에 물을 채워다가 그 아이에게 마시게 하였더라"(창 21:19).

하나님께서 지금까지 그곳에 없던 우물을 갑자기 '창조'하셨을까? 그렇지 않다. 우물은 오래 전부터 그곳에 있었다. 다만 하갈이 발견하지 못했을 뿐이다. 그런데 하나님이 하갈의 눈을 밝히는 순간 하갈은 바로 옆에 샘물이 있는 것을 보게 된다. 하갈과 이스마엘은 그 샘물을 마시고 생명을 이어 간다.

마태복음 13장에 보면 감추인 보화의 비유가 있다.

"천국은 마치 밭에 감추인 보화와 같으니 사람이 이를 발견한 후 숨겨 두고 기뻐하며 돌아가서 자기의 소유를 다 팔아 그 밭을 사느니라"(마 13:44).

아주 간단한 비유다. 그러나 심오한 진리가 이 속에 담겨 있다. 중요한 것은 '보화'가 언제부터 그 밭에 감추어져 있었던가 하는 점이다. 며칠 전에 누군가가 금궤를 숨겨 두었을까? 아니다. 그 금궤는 오래 전부터 그 밭에 있었다. 그동안 많은 소작농이 그 밭을 거쳐 갔다. 그들 모두 다 쟁기를 내리고 밭을 갈아엎었다. 그럼에도 지금까지 아무도 그 금궤를 발견하지 못했다. 왜냐하면 눈이 어두워져 있었기 때문이다. 그런데 본문의 주인공은 주인이 숨겨 놓은 금궤를 발견할 수 있는 눈을 갖고 있었다. 그 결과 그는 금궤의 주인이 되었다.

눈이 중요하다. 눈은 그 사람의 등불과 같다(마 6:22, 눅 11:34). 하나님께서 눈을 열어 주시면 내 사업장이 보인다. 그래서 내가 어떤 사업을 해야 할지 알 수 있다. 하나님께서 눈을 열어 주시면 사람을 바로 볼 수 있다. 그래서 어떤 남자, 여자를 배우자로 맞이해야 할지, 누구와 동업을 해야 할지, 어떤 자를 가까이 해야 할지 알 수 있다. 하나님께서 눈을 열어 주시면 내가 어떤 직장을 구해야 할지 알 수 있다. 어떤 교회를 선택해야 할지, 어떤 교회를 선택해야 할지 알 수 있다. 지금까지 내가 보았던 것이 전부가 아니다. 내 신앙생활이 전부인양 착각하지 않아야 한다. 더 넓고 깊은 영적 세계가 있다. 그래서 사도 바울은 이렇게 기도한다.

"너희 마음의 눈을 밝히사 그의 부르심의 소망이 무엇이며 성도 안에서 그 기업의 영광의 풍성함이 무엇이며 그의 힘의 위력으로 역사하심을 따라 믿는 우리에게 베푸신 능력의 지극히 크심이 어떠한 것을 너희로 알게 하시기를 구하노라"(엡 1:18-19).

사도 바울은 안타까운 마음으로 이 기도를 드리고 있다. 그들이 아직 보지 못하는 영역이 있다는 것이다. 우리도 마찬가지다. 하나님이 예비해 두신 축복의 보고寶庫가 내 앞에 있다. 다만 우리의 눈이 어두워서 그것을 지나쳐 버리거나 놓쳐 버리는 일이 얼마나 많은지! 때문에 우리는 시편 기자처럼 기도해야 한다.

"내 눈을 열어서 주의 율법에서 놀라운 것을 보게 하소서"(시 119:18).

'그 옛날 벧엘에서 야곱을 만나신 하나님, 이 시간 나를 만나 주시옵소서. 그래서 내 눈이 열릴 수 있도록 은혜 베풀어 주시옵소서'.

말씀 앞에서 귀도 열려야 한다

눈이 열린 야곱에게 또 하나 놀라운 은혜가 나타나고 있다.

"또 본즉 여호와께서 그 위에 서서 이르시되 나는 여호와니 너의 조부 아브라함의 하나님이요 이삭의 하나님이라 네가 누워 있는 땅을 내가 너와 네 자손에게 주리니 네 자손이 땅의 티끌 같이 되어 네가 서쪽과 동쪽과 북쪽과 남쪽으로 퍼져 나갈지며 땅의 모든 족속이 너와 네 자손으로 말미암아 복을 받으리라 내가 너와 함께 있어 네가 어디로 가든지 너를 지키며 너를 이끌어 이 땅으로 돌아오게 할지라 내가 네게 허락한 것을 다 이루기까지 너를 떠나지 아니하리라 하신지라"(창 28:13-15).

하나님께서는 그의 눈을 여신 후에 귀를 치료하신다. 그의 육신의 귀에 문제가 있었다는 말이 아니다. 하나님의 말씀이 들리게 하셨다는 말이다. 야곱은 영적 귀가 열리는 경험을 하게 된다.

물론 야곱이 하나님 말씀을 처음 들었다는 말은 아니다. 야곱은 나이 70에 이르도록 하나님께서 할아버지 아브라함, 아버지 이삭, 어머니 리브가에게 하신 말씀을 수도 없이 들었을 것이다. 그러나 모두 간접 경험이었다. 당시는 하나님께서 직접, 그것도 자주 자기 백성에게 나타나시던 때다. 그런데 야곱은 70세가 된 지금까지 하나님을 직면하여 그의 음성을 들은 적이 한 번도 없었다. 언제나 한 다리 건너서 간접적으로 말씀을 들었을 뿐이었다.

이것은 마치 호랑이를 직접 본 것이 아니라 사진이나 그림책을 통해서 보는 것과 같다. 그림책의 호랑이를 보면서 긴장하고 무서워할 사람이 과연 있을까? 어린아이도 호랑이 그림 앞에서는 무서워하지 않는다. 오히려 그림을 보면서 여유까지 부린다. 과자를 입에 넣으면서, 떠들면서 그림 속의 호랑이를 감상한다. 이유가 무엇인가? 간접 경험이기 때문이다.

어쩌면 우리 또한 지금까지 그림책 속의 호랑이를 보듯이 여유만만하게 엉뚱한 생각을 하면서 하나님의 말씀을 듣고 있었는지 모른다. 교회에서 설교 말씀을 듣다가도 내용이 재미없으면 딴생각을 하고 주보에 낙서하거나 옆 사람과 잡담하는 여유를 부렸을 것이다. 어떤 때는 말씀이 재미있게 들리기도 한다. 그러면 속으로 '오늘 제법이네'라고 중얼거렸을 지도 모른다. 이런 상태로 지금까지 달려왔는가? 그렇다면 아직도 하나님의 말씀을 듣는 귀가 닫혀 있는 것이다.

그렇다면 하나님 말씀을 제대로 듣는지, 그렇지 않은지를 무엇으로 판단할 수 있을까? 어원사전에서는 '들음'과 '행함'이 본래 하나라고 정의 내리고 있다는 사실을 아는가! 본래 이 둘은 하나였다. 사전의 교훈에 따르면 '듣는다'는 말과 '순종한다'라는 말의 어근이 같다. 라틴어로 '순종한다'라는 단어는 '듣는다'는 단어가 없이는 존재할 수 없다. '순종'으로 번역되는 단어의 문자적 의미는 '아래로부터 듣는다'이다. 마음속 깊은 곳에서 귀와 마음과 팔다리로 듣는 것이 곧 순종이다.

헬라어와 히브리어에서도 '경청하다, 듣다'를 '순종하다, 유의하다'로 교차하여 번역하고 있다. 그러니까 "믿음은 들음에서 나며"(롬 10:17)를 "믿음은 순종에서 나며"로 번역해도 틀리지 않다. 왜냐하면 들은 대로 행하지 않는 사람, 순종하지 않는 사람은 사실상 듣지 않는 것이기 때문이다.

하워드 헨드릭스Hoeard Handricks는 "성경적으로 말해서 듣고도 행하지 않는 것은 아예 듣지 않는 것이다"라고 했다. 그렇다. 듣는 것에는 청각 이상의 반응이 저절로 나타난다. 우리 뇌는 위험한 소리를 10분의

1초 만에 처리한다. 위험한 상황의 소리를 접하면 몸이 저절로 움직인다. 누가 아파서 소리를 지르면 나도 모르게 그쪽으로 몸이 획 돌아간다. 누가 내 이름을 말하면 설령 나에게 말한 것이 아닐지라도 온몸이 그쪽을 향해 집중한다. 이게 듣는 것이다.

듣는 것이 뭔지를 친히 보여 주신 분이 하나님이시다. 성경에는 하나님이 '들으신다'라는 표현이 자주 나온다. 들으시는 현장에는 바로 하나님의 행동이 이어진다. 들으시는 하나님은 곧 액션을 취하신다.

"여러 해 후에 애굽 왕은 죽었고 이스라엘 자손은 고된 노동으로 말미암아 탄식하며 부르짖으니 그 고된 노동으로 말미암아 부르짖는 소리가 하나님께 상달된지라 하나님이 그들의 고통 소리를 들으시고 하나님이 아브라함과 이삭과 야곱에게 세운 그의 언약을 기억하사"(출 2:23-24).

하나님이 들으셨을 때 출애굽의 역사가 시작되었다. 홍해가 갈라지고 하늘에서 만나와 메추라기가 쏟아졌다. 하나님이 들으시는 순간 아말렉이 쓰러지고 문제가 해결되었다. 병이 고쳐지고 하늘에서 불이 떨어졌으며 메말랐던 땅에 비가 쏟아졌다. 골리앗이 쓰러지고 삼손이 다시 힘을 쓰게 되었다. 하나님이 들으시면 그 순간 역사가 나타난다.

바로 이게 말씀을 듣는 것이다. 그러니까 말씀을 제대로 듣고 있는지는 듣는 그 사람의 반응을 보면 알 수 있다. 말씀 앞에서 야곱이 어떤 반응을 보이는가? '이야, 정말 봉 잡았구나. 하나님이 나를 축복해 주신단다. 이 얼마나 신나는 일인가!' 하며 춤을 덩실덩실 추며 기뻐하고 즐거워하지 않는다.

"이에 두려워하여 이르되 두렵도다 이 곳이여 이것은 다름 아닌 하나님의 집이요 이는 하늘의 문이로다 하고"(창 28:17).

이것은 하나님을 향한 두려움과 경외심이다. 왜냐하면 그림책의 호랑이를 보고 있는 것이 아니라 진짜 호랑이를 만났기 때문이다. 말씀이 바로 들리면 그 말씀이 징계의 말씀이든 축복의 말씀이든 경외심을 가지게 된다. 이런 자들은 귀가 바로 열려 있다고 할 수 있다.

그날의 말씀은 지금까지 야곱이 듣던 말씀과 완전히 달랐다. 메시지도 전하는 분도 같지만 그 안에 흐르는 전류가 다르다. 찌릿 하고 마는 전류가 아니다. 고압 전류에 감전된 듯한 느낌이 온다. 가만히 있을 수가 없다. 완전히 나를 태워 버린다. 말씀이라는 전류가 내 온몸을 녹여 버린다. 말씀 앞에서 어떻게 자존심을 세울 수 있겠는가? 그 앞에서 교만한 생각을 할 수나 있겠는가? 나도 모르게 벌벌 떨며 눈물, 콧물을 흘리며 엎드리지 않을 수 없다. 마치 작살에 찔린 고기와 같이 두 손을 들고 항복하며 나를 붙들고 계신 그분 앞에 내 생애 전체를 맡기지 않을 수 없는 두려움이 몸 전체를 휘감아 버린다.

야곱이 지금 이런 종류의 기이한 경험을 하고 있다. 지금까지 하나님을 간접적으로 만났고 말씀을 들었다. 그런데 이제 직접 그분을 보았을 뿐만 아니라 그분의 음성을 듣고 있는 것이다. 그의 귀가 확 뚫렸다. 하나님의 말씀이 "잘 박힌 못"(전 12:11)과 같이 심령에 박히기 시작했다.

말세가 되면 사람들은 점점 귀가 가려진다. 그래서 말씀이 귀에 들어오지 않는다. 듣는 감각을 상실한다. 때문에 밧모섬에서 사도 요한에게 나타나신 주의 사자가 무려 일곱 번이나 반복하여 하신 말씀이 무엇인가?

"귀 있는 자는 성령이 교회들에게 하시는 말씀을 들을지어다"(계 2:7, 2:11, 2:17, 2:29, 3:6, 3:13, 3:22).

귀가 야곱처럼 뚫려야 한다.

영적 벙어리에서 벗어나라

눈이 열리고 귀가 뚫린 야곱은 마지막으로 입이 열리는 경험을 한다.

"야곱이 서원하여 이르되 하나님이 나와 함께 계셔서 내가 가는 이 길에서 나를 지키시고 먹을 떡과 입을 옷을 주시어 내가 평안히 아버지 집으로 돌아가게 하시오면 여호와께서 나의 하나님이 되실 것이요 내가 기둥으로 세운 이 돌이 하나님의 집이 될 것이요 하나님께서 내게 주신 모든 것에서 십분의 일을 내가 반드시 하나님께 드리겠나이다 하였더라"(창 28:20-22).

그는 지금까지 영적 벙어리였다. 물론 자기를 위해서는 청산유수였다. "팥죽 줄게, 장자의 명분 내게 줄래?", "아버지, 제가 에서입니다" 등, 이런 입은 열려 있었다. 그런데 하나님이 기뻐하시는 영적 입은 완전히 닫혀 있었다. 그는 한 번도 하나님을 기쁘시게 하는 말을 한 적이 없다. 아니 그분을 향하여 찬송한 적도, 진지하게 입을 열어 기도한 적도 없다. 왜냐하면 영적 벙어리였기 때문이다. 그런데 벧엘에서 그의 굳은 혀가 풀리고 입술이 열리기 시작한다.

야곱은 하나님께 성전을 세우겠다고 고백한다. 자원하여 십일조를 드리겠다고 서원한다. 이 얼마나 귀한 고백인가! 그는 지금까지 기도를 몰랐던 사람이다. 아니 스스로 기도해 본 적이 없던 사람이다. 또 그는 하나님께 무엇을 드려 본 적이 없는 구두쇠였다. 손아귀에 움켜지는 일에 혈안이 되었던 자이다. 그런 그가 지금 자원하여 서원기도를 드린다. 무엇을 달라는 기도가 아니다. 무엇을 취하겠다는 입술도 아니다. 하나님을 위해서 내게 있는 것을 드리겠다는 약속을 한다. 그의 영적 입이 열리기 시작한 것이다. 이와 같이 하나님을 만난 사람은 영적 입이 열린다.

세리장 삭개오도 마찬가지다. 그가 주님을 무화과나무 아래에서 만났을 때 자기도 모르게 이런 고백을 한다.

"삭개오가 서서 주께 여짜오되 주여 보시옵소서 내 소유의 절반을 가난한 자들에게 주겠사오며 만일 누구의 것을 속여 빼앗은 일이 있으면 네 갑절이나 갚겠나이다"(눅 19:8).

누가 말해 주지도, 요청하거나 강요하지도 않았다. 주님을 만나니 자연스럽게 영적 입이 열린 것이다. 혹시 그동안 입으로 남을 비판하거나 정죄하고 자기 자랑이나 늘어놓고 자기변명과 합리화에만 사용하지는 않았는가?(마 7:1) 그러면서도 정작 교회 와서 기도할 때는 마치 지퍼를 채운 것처럼 입을 꾹 닫고 있지는 않았는가? 기도한다고 하면서 '주시옵서서'만 반복하다가 끝내지는 않았는가?

찬양을 드릴 때는 어떠한가? 입을 꾹 닫은 채 강단만 주시한다. 억지로 입을 열기는 하지만 모기만한 소리로 건성 건성이다. 그러면서 노래방에서는 어떻게 그렇게 많은 가요를 알고 있는지 목이 터져라 외쳐 댄다. 이때 신나게 몸을 흔드는 것은 덤이다. 하지만 정작 교회에서 그 좋은 목소리로 섬기라고 권면하면 이 핑계 저 핑계를 동원한다. 이 어찌 영적 벙어리라고 하지 않을 수 있으랴!

오늘날 교회의 문제점이 무엇일까? 라오디게아 교회와 같이 영적 눈이 먼 소경, 영적 귀, 영적 입이 닫혀 버린 벙어리가 의외로 많다는 것이다. 그래서 엉뚱한 말만 내뱉는다. "나는 부자라 부요하여 부족한 것이 없다"(계 3:17)고 말이다. 안약을 사서 발라야 한다. 문을 두드리시는 하나님의 음성을 들어야 한다. 닫힌 입이 열려야 한다.

영적으로 새롭게 회복되기를 원하는가? '벧엘'의 경험이 있어야 한다. 보는 것이 달라지므로 가치관이 바뀌는 역사가 일어나야 한다. 듣는 귀가 달라지므로 그 말씀 앞에서 온전히 거꾸러지는 은혜를 맛보아야 한다. 영적 입술이 열리므로 내가 어떻게 살아야 할 것인지를 진심으로 고백하고 서약하여 하나님의 기쁨이 되는 자들이 되어야 한다.

인간 야곱의 하나님께서 이 시간 우리에게 은혜를 베풀어 주시길 바란다. 그래서 눈이 환해지고 귀가 뚫리고 입이 열리는 영적 체험이 우리 삶 위에 가득하기를 소원한다.

"우리가 일어나 벧엘로 올라가자 내 환난 날에 내게 응답하시며 내가 가는 길에서 나와 함께 하신 하나님께 내가 거기서 제단을 쌓으려 하노라"(창 35:3).

Chapter 5

쥔 손을 펴야
잡을 수 있는 은혜

창 28:16~22

야곱의 일생에서 잊을 수 없는 장소는 '벧엘'이다(창 28:19). 이곳에서 그는 생애 처음으로 중생重生, Born Again을 체험한다. 겉으로는 이전과 다를 바 없다. 하지만 그날 밤 그는 완전히 새롭게 재창조되었다. "이전 것은 지나갔으니 보라 새 것이 되었도다"(고후 5:17)라는 외침 그대로다. 이처럼 중생을 체험하는 것은 정말 중요하다. 그러나 이것은 육신의 눈에 드러나지 않는다. 그렇다면 무엇을 보고 중생을 체험했는지의 여부를 알 수 있단 말인가?

중생한 사람의 두 가지 변화

내가 중생을 체험했는지의 여부를 스스로 진단하는 방법이 있다.

중생을 체험한 사람에게는 두 가지 변화가 나타난다. 첫째는 잠에서 깨어나는 것이다.

"야곱이 잠이 깨어 이르되 여호와께서 과연 여기 계시거늘 내가 알지 못하였도다"(창 28:16).

하나님을 만나 중생을 체험한 야곱에게 제일 먼저 나타난 반응은 무엇인가? 그것은 자신이 지금까지 잠을 자고 있었다는 것을 깨달은 것이다. 여기에서 그치지 않고 스스로 자던 잠을 의지적으로 깨운다. 여기에서 '잠을 깼다'라는 말은 히브리어로 '야카츠'יקץ라는 자동사다. 야카츠는 그 누구에 의해서 깬 것이 아니라 '내가 이렇게 살아서는 안 되겠다. 지금 잠에 빠져있을 때가 아니다. 일어나야겠다' 하며 스스로를 깨운다는 의미를 담고 있다.

야곱은 지금 처한 상황은 시간적으로 깊은 잠에 빠질 밤중이다. 더욱이 이백여 리 길을 달려 도망쳐 왔기에 몸은 파김치가 될 정도로 심히 피곤했을 것이다. 그럼에도 불구하고 그는 스스로를 깨운다. '잠에서 깨어 일어나자' 하며 스스로를 채찍질해 몸을 일으켰다.

지금 나는 어떠한가? 영적으로 깊은 잠에 빠져 있지는 않은가? 고라 자손들처럼 스스로를 깨워야 한다.

"내 영혼아 네가 어찌하여 낙심하며 어찌하여 내 속에서 불안해 하는가 너는 하나님께 소망을 두라 나는 그가 나타나 도우심으로 말미암아 내 하나님을 여전히 찬송하리로다"(시 42:11, 43:5).

지금은 진정으로 잠에서 깰 때다. 이는 우리의 구원이 처음 믿을 때보다 가까워졌기 때문이다. 언제까지 그 상태, 그대로 누워 있을 것인가? 잠자고만 있을 것인가? 그렇게 잠만 자다가 인생을 끝낼 것인가?

사도 바울은 말한다.

"또한 너희가 이 시기를 알거니와 자다가 깰 때가 벌써 되었으니 이는 이제 우리의 구원이 처음 믿을 때보다 가까웠음이라"(롬 13:11).

잠언의 지혜자는 충고한다.

"게으른 자여 네가 어느 때까지 누워 있겠느냐 네가 어느 때에 잠이 깨어 일어나겠느냐 좀더 자자, 좀더 졸자, 손을 모으고 좀더 누워 있자 하면 네 빈궁이 강도 같이 오며 네 곤핍이 군사 같이 이르리라"(잠 6:9–11).

십자가를 앞에 두신 주님의 마지막 당부는 '깨라'는 한 마디에 집중되어 있었다.

"주의하라 깨어 있으라 그 때가 언제인지 알지 못함이라 가령 사람이 집을 떠나 타국으로 갈 때에 그 종들에게 권한을 주어 각각 사무를 맡기며 문지기에게 깨어 있으라 명함과 같으니 그러므로 깨어 있으라 집 주인이 언제 올는지

혹 저물 때일는지, 밤중일는지, 닭 울 때일는지, 새벽일는지 너희가 알지 못함이라 그가 홀연히 와서 너희가 자는 것을 보지 않도록 하라 깨어 있으라 내가 너희에게 하는 이 말은 모든 사람에게 하는 말이니라 하시니라"(막 13:33-37).

그럼에도 불구하고 깊은 잠에 빠진 베드로에게 주님은 무엇이라고 하셨던가?

"돌아오사 제자들이 자는 것을 보시고 베드로에게 말씀하시되 시몬아 자느냐 네가 한 시간도 깨어 있을 수 없더냐"(막 14:37).

두 번째 반응은 하나님에 대한 올바른 인식이다.

"이에 두려워하여 이르되 두렵도다 이 곳이여 이것은 다름 아닌 하나님의 집이요 이는 하늘의 문이로다 하고"(창 28:17).

먼저, 그는 자신이 지금까지 하나님에 대해서 잘못 알고 있었음을 실토한다. 70년이란 긴 세월 동안 하나님을 믿어 왔다. 그러나 하나님에 대한 바른 인식이 없었다. 그런 그가 드디어 중생의 체험을 하고나니 하나님에 대해 바르게 인식하기 시작한다.

무엇보다 먼저 하나님을 경외의 대상으로 인정한다. 더는 그림책에 그려진 종이호랑이를 대하듯 하지 않는다. 살아 계시며 전능자이신 그분 앞에서 거룩한 두려움으로 떨기 시작한다. 진정한 구원은 "두렵고 떨림으로"(빌 2:12) 이루어 가는 것이다. 이사야처럼 "화로다 나여 망하게 되었도다"(사 6:5)는 고백이 중심에서 터져 나와야 한다.

더 나아가 그는 지금까지 하나님이 단지 이스라엘 땅에만 계시는 분 정도로만 알았다. 그런데 그날 밤 그는 하나님이 여기 이 먼 곳, 황량한 들판에도 계신다는 것을 깨달았다. 그는 깜짝 놀랐다. '하나님이 내 삶의 현장에, 이 외롭고 쓸쓸한 들판에, 그것도 국경을 뛰어넘어 여기에도 계시다니!' 진정 경이로운 깨달음이 아닐 수 없다.

어떤 하나님을 믿고 있는가? 교회 안에 갇혀 계시는 하나님, 단지 교회 안에서만 예배를 받으시고 기도를 들으시며 역사하시는 하나님 정도로만 믿고 있지는 않은가? 복잡한 명동 거리에 하나님이 계심을 믿는가? 한적한 정동진 해변에도 하나님이 계심을 믿는가? 깊고 캄캄한 지하실에도 하나님이 계심을 믿는가? 사업 현장에 하나님이 계심을 믿는가? 연인과 단 둘이서만 있는 공간에도 하나님이 계심을 믿는가? 그래서 그곳이 어디든 누구와 있든 무엇을 하든 '하나님 앞에서' 행동을 하고 있는가? '하나님 앞에서', 즉 신전의식의 마음가짐이 떠나지 말아야 한다. '코람데오'Coram Deo의 고백이 있어야 한다. 다윗의 고백이 나의 고백이 되어야 한다.

"내가 주의 영을 떠나 어디로 가며 주의 앞에서 어디로 피하리이까 내가 하늘에 올라갈지라도 거기 계시며 스올에 내 자리를 펼지라도 거기 계시니이다"(시 139:7-8).

하나님은 과연 여기에 계신다. 그날 밤 야곱은 그 황량한 들판에서 이 진리를 깨달았다. 그렇다. 중생한 자들은 먼저 자기 자신에 대하여 바른 자각을 하게 되며, 하나님에 대하여 올바른 인식을 하게 된다. 중생했는가? 그래서 자기 자신에 대한 바른 자각이 있는가? 그리고 하나님에 대한 올바른 인식을 갖고 있는가?

목숨 건 예배를 드리는가

중생한 자는 드디어 삶의 우선순위가 바뀐다.

"야곱이 아침에 일찍이 일어나 베개로 삼았던 돌을 가져다가 기둥으로 세우고 그 위에 기름을 붓고 그 곳 이름을 벧엘이라 하였더라 이 성의 옛 이름은 루스더라"(창 28:18-19).

야곱은 베개로 삼았던 돌을 기둥으로 세우고 있다. 이 행동을 어떻게 이해해야 하는가? 어떤 사람은 야곱이 숭배의 목적으로 이 돌을 세웠다고 해석하기도 하고, 또 어떤 사람은 그가 땅에 박힌 돌을 뽑아 세우는 초인적인 능력을 발휘했다고 보기도 한다. 그러나 이러한 해석은 참고할 만한 가치가 없다. 그렇다면 그가 돌을 세운 것은 무엇을 의미할까? 단적으로 말하면 제단祭壇을 쌓았다는 뜻이다. 이것은 하나님께 예배드리는 액션이다. 중생의 체험을 하고 난 후 그는 가장 큰 가치, 우선순위를 예배에 두기 시작했다.

물론 야곱은 선조들이 하나님을 예배할 때에 어떤 모습이었는지를 보고 배워 알고 있다. 가나안 땅에 들어왔던 아브라함은 하나님을 만날 때 돌을 쌓았다(창 12장). 그것은 제단을 쌓는 행위였다. 이 할아버지는 장소를 옮길 때마다 제단을 쌓았다. 이처럼 돌을 세우는 행위는 제사, 곧 예배를 뜻한다. 왜냐하면 돌을 세우고 난 후에는 그곳에서 하나님께 제사를 드렸기 때문이다. 아버지 이삭 역시 장소를 옮길 때마다 돌을 세워서 하나님을 예배했다. 그러나 야곱은 지금까지 주도적으로 제단을 쌓은 적이 없다. 그런 그가 이제 돌을 세우고 있다. 처음으로, 그것도 능동적으로 자원하여 제단을 쌓고 있다. 하나님께 예배드리고 있는 것이다.

야곱이 지금 드리고 있는 예배를 상상해 보라. 몇 사람이 예배를 드리고 있는가? 한 사람밖에 없다. 예배당은커녕 비를 피할 곳도, 찬양대도, 설교자도 없다. 황량한 들판에 돌 하나 세워 놓고 혼자서 예배드리고 있다. 인간의 눈으로 볼 때 이 얼마나 쓸쓸하고 볼품없는 예배인가!

하지만 이 야곱의 예배가 모든 예배의 모델이다. 왜 그러한가? 예배에 참석하는 각자가 예배의 주체가 되어야 함을 알려 주기 때문이다. 야곱은 지금 예배를 주관하고 있다. 더 나아가 스스로 제물이 되어 하나님 앞에 드려지고 있다.

이같이 중생을 체험한 사람은 무엇보다도 먼저 하나님께 예배드리는 것을 소중하게 생각한다. 따라서 예배를 가장 우선순위에 둔다. 그리고 내가 예배의 주체가 되어 하나님께 나아간다. 왜냐하면 하나님이 나를 예배자로 부르셨다는 사실을 깨닫기 때문이다. 하나님은 오늘도 영과 진리로 예배하는 예배자를 찾고 계신다(요 4:23).

그런데 어떤 사람은 설교 잘하는 목사를 찾아다닌다. 어떤 사람은 '그 교회, 새로 잘 지었다는데 한번 가 볼까?' 하고 건물을 찾아 쇼핑을 한다. 또 어떤 사람은 '그 교회 찬양대가 찬양을 참 잘한다던데 한번 가 보자'고 한다. 어떤 사람은 남들이 가니까 '한번 같이 따라가 보자'라는 식으로 예배에 참석한다. 단언컨대 이런 것들은 예배의 부수적인 요소조차 될 수 없다. 예배의 주요소는 무엇인가? 바로 나 자신이다. 스스로가 그야말로 '산 제물'이 되어 하나님 앞에 드려져야 한다(롬 12:1-2). 바로 이런 예배를 하나님이 기쁘게 받으신다.

언젠가 제자훈련 졸업생들과 함께 중국 상해를 다녀왔다. 중국은 우리가 잘 아는 대로 사회주의 국가다. 물론 개방화의 물결이 그곳에도 몰려왔다. 중국 인구가 13억 명 정도 된다고 한다. 그 가운데서 공산당원, 즉 중국을 지배하고 있는 핵심 당원은 약 6천만 명 정도 된다고 한다. 그런데 중국 공산당원들은 자신보다 더 많은 숫자가 결집되는 것을 무척이나 경계한다. 그 경계 대상 1호가 바로 기독교 세력이다. 중국 내에서 기독교 세력이 점점 늘어나고 있다. 중국은 기독교를 예의주시하면서 정부에 종교국을 두어서 철저하게 교회를 관리한다.

중국에선 선교사들의 공식적인 선교활동이 금지되어 있다. 선교사들이 활동할 때에도 사업하는 자들로 신고하고 음성적으로 사역을 감당한다. 목사, 선교사 호칭도 사용하지 않는다. 만일 선교사라는 사실이 알려지면 추방당하기 때문이다. 그래서 '선생, 부장, 과장'이란 호칭을 사용한다. 이번에 중국에 가 있는 동안에 교회와 서로 전화를 주고받는데, "충정주식회사 사장님 바꿔 주세요. 사장님, 저 김 부장입니다. 사업은 잘 진행되고 있습니까?" 이렇게 부교역자와 통화를 했다.

이런 중국이지만 종교국에서 인정하는 교회가 있다. 바로 삼자교회다. '삼자'란 '자치, 자전, 자양', 즉 외세의 간섭을 배제한 채 스스로 교회를 운영하고 전도하고 교인들을 양육하겠다는 것이다. 교회의 건물도 다들 대단하다. 상해의 인구가 1,300만 명이다. 그런데 삼자교회는 13개뿐이다. 그러므로 주일이면 교회가 미어터져 나갈 정도다. 그러나 설교라는 것이 정부의 통제 아래 있기 때문에 정부 홍보가 주된 내용일 수밖에 없다. 한 마디로 복음이 없다. 실제로 중일전쟁 당시 30만 명이 학살되었던 남경의 삼자교회는 몇 달 전까지만 해도 교회 사찰이었던 사람이 교회의 책임자가 되어 설교를 하고 있었다. 알고 보니 그 교회 담임목사님이 당국에 잘못 보였던 것 같다. 그래서 당국이 담임목사님을 해임해 버리고 사찰을 책임자로 임명해 버린 것이다. 형식으로는 교회이지만 더 이상 복음이 없다. 과연 이런 교회를 교회라고 부를 수 있을까?

그런데 삼자교회 외에 가정교회, 지하교회라고도 부르는 교회가 있다. 당국의 허락 없이 가정 혹은 호텔 같은 곳에서 은밀하게 모이는 교회이다. 이런 모임이 발각되면 해체가 되기 때문에 숨어서 예배드린다. 한 장소에 모이는 숫자도 각양각색이다. 이런 가정교회가 얼마나 많은지 파악할 수가 없다고 한다. 물론 건물도 없다. 목회자도 변변찮고 찬양대도 악기도 없을 것이다. 그러나 그곳의 메시지는 살아 있다.

진정한 성도의 교제와 사랑이 있다. 선교사들이 그곳에 들어가서 말씀을 가르친다. 가르치다가 발각이 되면 쫓겨난다. 그러나 바로 그 현장을 하나님께서는 더 기뻐하신다. 왜냐하면 하나님의 임재를 확신하며, 구원의 말씀을 열망하면서 생명을 걸고 모이기 때문이다.

야곱이 지금 벧엘에서 드리고 있는 예배가 바로 이런 예배가 아닐까. 외형적으로 볼 때는 초라하기 그지없으나 하나님의 임재가 있는 현장, 그분의 말씀이 들리는 곳, 하나님의 축복이 나타나는 그런 벌판이었다. 따라서 이 벧엘의 예배는 예배의 모델 격이라고 할 수 있다.

하나님 외에 붙잡을 것은 없다

황량한 들판의 예배자 야곱은 인상적인 행동을 한다. 그는 세운 돌 위에 기름을 붓는다(창 28:18). 당시의 풍습을 잘 모르기 때문에 이 액션에 담긴 의미를 정확히 알 수 없다. 게다가 이와 같은 행동이 다른 말씀에는 나타나지 않는다. 다만 예수님의 발에 향유를 쏟아부었던 마리아의 행동이 연상될 뿐이다(요 12:3).

그렇다고 그냥 넘어갈 수는 없다. 우선 이 기름을 어떻게 이해해야 할까? 당시에는 화폐 개념이 없었다. 때문에 기름이 중요한 물물교환의 수단으로 쓰였다. 때문에 야곱이 형에게 미움을 받아 황급히 도망치는 상황에서도 기름만은 챙긴 것이다. 이것으로 양식도 구하고 노잣돈을 하리라는 계산이 깔려 있었다. 이렇게 기름은 여행자에게 있어서 생명같이 귀중한 것이었기에 도망자 야곱에게도 마찬가지로 이 기름은 생명과도 같이 귀중한 것이다. 앞으로의 여정이 얼마나 지속될지도 모르는 상황이 아닌가. 그런데 바로 그 고귀한 기름을 지금 돌 위에 남김없이 쏟아부어 버린다. 이것은 무엇을 의미하는 것일까? 바로 더는 기름을 의지하지 않겠다는 의지적 표현이다. 하나님만 의지하겠다는 결단이 돌단 위에 기름을 쏟아 붓는 행위로 나타난다. 사실 그는 지금까지 이 기름을 위하여 살았던 사람이다. 기름을 붙잡고, 더 많은 기름을 소유하기 위하여 발버둥 쳤던 자이다. 그런데 그 기름을 이제 과감히 포기한다.

　이런 행동이 어떻게 가능했을까? 이제 그가 가진 것은 정말 아무것도 없다. 내일 무슨 일을 만날지 모른다. 그러나 그는 그날 밤 가장 귀한 것을 소유하였다. 바로 하나님이다. 자신을 만나 주셨던 하나님, 실수와 허물이 컸음에도 불구하고 한 마디도 야단치지 않으시고 오히려 축복해 주시며 언제까지나 함께 하시겠다고 약속해 주신 그분만 붙잡고 걸어가기로 다짐하는 것이다. 바로 이러한 결단이 '기름'을 붓는, 아니 기름을 포기하는 행위로 나타난 것이다.

　이렇게 하나님을 만난 사람은 가치관이 완전히 달라진다. 사도 바울이 그랬다. 그가 예수 그리스도를 안 뒤에 어떻게 고백하는가?

"또한 모든 것을 해로 여김은 내 주 그리스도 예수를 아는 지식이 가장 고상하기 때문이라 내가 그를 위하여 모든 것을 잃어버리고 배설물로 여김은 그리스도를 얻고 그 안에서 발견되려 함이니 내가 가진 의는 율법에서 난 것이 아니요 오직 그리스도를 믿음으로 말미암은 것이니 곧 믿음으로 하나님께로부터 난 의라"(빌 3:8–9).

"그러나 내게는 우리 주 예수 그리스도의 십자가 외에 결코 자랑할 것이 없으니 그리스도로 말미암아 세상이 나를 대하여 십자가에 못 박히고 내가 또한 세상을 대하여 그러하니라"(갈 6:14).

나는 그 무엇을 그분 앞에 쏟아부어 본 적이 있는가? 값비싼 향유를 주님 앞에 쏟아부었던 마리아처럼, 계산 없이 어떤 대가도 바라지 않고 말이다. 기름을 쏟아부은 후 야곱은 이런 결단을 한다.

"내가 기둥으로 세운 이 돌이 하나님의 집이 될 것이요 하나님께서 내게 주신 모든 것에서 십분의 일을 내가 반드시 하나님께 드리겠나이다 하였더라"(창 28:22).

그는 이제 이 벧엘을 기점으로는 손을 펴는 연습을 한다. 기름을 쏟아부으면서 십일조를 드림으로 손을 편다. 얍복 나루에 이르러서는 지난 이십여 년 동안 땀을 흘려 모았던 재산들을 먼저 형에게 보낸다. 사랑하는 아내 라헬을 보내고(창 35장), 열두 아들 가운데 가장 귀한 아들 요셉을 보낸다(창 37장). 그런데 놀랍게도 그가 손을 펼 때마다 하나님은 그 편 손 위에 은혜와 축복을 얹어 주셨다. 결국 그가 믿음의 조상이 되게까지 하셨다.

아직 늦지 않았다. 손을 펴자. 손에 무엇을 쥐고 있는 한 축복을 받을 수 없다. 하지만 내가 손을 펼 때 그 편 손 위에 하나님은 복을 쏟아

주신다. 이 영적 경험이 모두에게 있기를 소원한다.

"주라 그리하면 너희에게 줄 것이니 곧 후히 되어 누르고 흔들어 넘치도록 하여 너희에게 안겨 주리라 너희가 헤아리는 그 헤아림으로 너희도 헤아림을 도로 받을 것이니라"(눅 6:38).

Part 2

人間 야곱, 속이고 속다

Chapter 6

인생의 광야에서 만난 교회

창 29:1~9

나는 충정교회 담임목사로 부임하기 전 14년 동안 부교역자로 사역했다. 그때 두 교회를 경험했다. 첫 번째 교회는 그야말로 전통적인 교회였다. 그곳에서 10여 년 동안 담임목사님을 보필하며 교회를 섬겼다. 두 번째 교회는 첫 번째 교회와는 분위기가 사뭇 달랐다. 목회 철학이라든지 교회의 사역 방향이 열려 있었다. 나는 이 두 교회에서 보냈던 14년간의 부교역자 경험을 매우 소중한 자산으로 여긴다. 상반된 두 교회의 경험은 현재 목회 사역에 얼마나 도움이 되는지 모른다. 그때 경험했던 여러 가지 일들이 여기 목회 현장에 그대로 일어나고 있기 때문이요, 그때마다 당시의 경험들을 떠올리며 문제에 대한 해결점을 발견하곤 한다.

부교역자 시절 무엇보다도 두 분 담임목사님의 메시지에 큰 은혜를 받았다. 이 분들은 모두 한국 교회에서 큰 영향을 끼쳤다. 그런데 공교롭게도 두 교회에서 똑같은 일이 주어졌다. 그것은 다음 주 주보에 게재하기 위해 이번 주 담임목사님의 설교를 요약하는 일이었다. 목사님들은 내게 원고를 주지 않았다. 때문에 설교 시간에 목사님의 말씀을 받아 적어야만 했다. 사실 편하게 앉아 설교를 듣는 것도 쉽지 않지만, 그 설교를 받아 적는 일은 결코 쉬운 일이 아니다. 게다가 그렇게 받아 적은 내용을 주보에 게재하기 위해서는 집에 돌아와 일정한 분량으로 요약 정리해야만 했다. 낮에 들은 설교를 떠올리면서 정해진 분량 안에 설교자의 강조점을 가능한 다 집어넣어야 한다. 결코 쉽지 않은 작업이었다. 그래서 어떤 때는 '내가 왜 남의 설교를 뒤치다꺼리해야 하나!' 하고 불평하기도 했다.

그러나 그 일을 쭉 감당하는 나에게 하나님은 몇 가지 귀중한 은혜가 나타났다. 깨우침도 있었다. 그중 하나는 그분들이 선택하는 본문이었다. 자세히 살펴보니 평소에 우리가 그냥 읽고 지나치는 그런 본문들이 대부분이었다. 그런데 놀라운 것은 바로 그 평범한 본문 속에서 놓쳐 버렸던 '귀한 보화'들을 캐내고 있었다. 그야말로 '시원한 생수'를 그 평범한 본문 속에서 퍼 올리는 것이었다. '말씀 속에서 보화를 찾아내기 위해 얼마나 많은 땀을 쏟으면서 혼신의 노력을 하셨을까!', '야, 이 본문에 이렇게 귀한 보화가 담겨 있었구나! 어떻게 이런 깨달음이 나올 수 있지!' 하는 생각에 감탄할 때가 있었다. 그것은 진정 나 혼자 맛보는 감격이었다. 나도 담임목사님처럼 영적 눈이 열려 평범함 속에서 보화를 찾을 수 있도록 해달라고 기도하곤 했다.

창세기 29장도 사실은 그냥 읽고 지나갈 수 있는 본문이다. 하지만 다시 한 번 말씀 속으로 들어가 보자.

광야 한복판에서 봉한 우물을 만나다

살아가면서 누구나 이런 저런 실수를 본의든 아니든 저지를 때가 있다. 그때 그 자리, 그 사람, 그 사건을 피하는 것은 신앙인다운 행동이 결코 아니다. 그런데 야곱은 오직 피하기만 급급하였다. 피하는 것만이 능사가 아니다. 피한다고 해서 문제가 해결되는 것이 아니기 때문이다.

헌데 요나는 어떠했던가? 그가 여호와의 낯을 피하여 도망을 쳤다.

"그러나 요나가 여호와의 얼굴을 피하려고 일어나 다시스로 도망하려 하여 욥바로 내려갔더니 마침 다시스로 가는 배를 만난지라 여호와의 얼굴을 피하여 그들과 함께 다시스로 가려고 배삯을 주고 배에 올랐더라"(욘 1:3).

뱃속에 들어가서는 배 밑창으로 피했다. 하지만 여호와의 낯을 피할 수 있었던가? 그러므로 피하는 것은 결코 능사가 아니다.

그런데 야곱은 형을 피하여 도망을 치고 있다. 피해서는 안 되는 '하란'으로 도망을 치고 있다. 하란이 어떤 곳인가? 영적 경주자들로 하여금 주저앉게 만들고 집착하게 하며 동경하게 하는 곳, 혹은 대상을 말한다. 누구에게나 이 하란이 있다. 아브라함, 나홀, 이삭, 리브가,

야곱에게도 나름의 하란이 있었다.

하나님의 명령에 따라 갈대아 우르를 떠나 가나안으로 향하던 데라와 아브라함은 비옥한 땅 하란에서 걸음을 멈추고 주저앉았다(창 11:31). 그의 동생 나홀은 하란을 떠나지 못하고 죽을 때까지 머물렀다. 이삭은 하란에 끊임없이 관심을 가졌다(창 28:2). 리브가는 시집을 와서 수십 년의 세월이 지나도록 하란을 잊지 못해 그리워하고 동경하다가 야곱을 그곳으로 보낸다(창 28:3). 야곱 또한 기회가 왔다는 듯이 하란으로 도망을 친다(창 28:10).

그 하란, 우리에게도 예외 없이 있다. 그렇다면 나에게 하란은 어디이며 무엇인가?

"야곱이 길을 떠나 동방 사람의 땅에 이르러 본즉 들에 우물이 있고 그 곁에 양 세 떼가 누워 있으니 이는 목자들이 그 우물에서 양 떼에게 물을 먹임이라 큰 돌로 우물 아귀를 덮었다가 모든 떼가 모이면 그들이 우물 아귀에서 돌을 옮기고 그 양 떼에게 물을 먹이고는 우물 아귀 그 자리에 다시 그 돌을 덮더라"(창 29:1-3).

야곱이 브엘세바를 떠나 최종 목적지 하란에 도착했다. 그런데 거기에 우물이 하나 있었다. 그 우물은 큰 돌로 아귀를 덮어 둔, 쉽게 말하면 봉한 우물이었다.

출애굽기 15장에 보면 이스라엘 백성들이 출애굽하여 수르 광야에 접어든다. 그런데 그곳에서 물을 얻지 못하여 찾다가 발견한 것이 마라의 우물이다. 하지만 그 물은 써서 마실 수 없었다. 그래서 그 물을 쓴물, 즉 '마라'라 한 것이다. 그 후에 이스라엘 백성은 엘림이라는 곳에 이르렀을 때 샘 열둘과 종려나무 일흔 그루가 있는 오아시스를 발견한다. 그 우물은 잘 보존되어 있었다. 덕분에 그들은 엘림에서 목마름을 면했다(출 15:22-27).

성지순례를 하는 중 이 엘림 우물에 가 본 적이 있다. 나는 잔뜩 기대를 하고 저만치 먼 곳에 세워진 버스에서 내리자마자 달려갔다. 그런데 이게 웬일인가? 우물을 보고서는 실망하지 않을 수 없었다. 물이 완전히 썩어 있었기 때문이다. 이유가 무엇일까? 긴 세월 우물을 봉하지 않고 관리를 소홀히 했기에 사막의 온갖 쓰레기들이 우물에 가득 찼고, 여기에 모래바람까지 불어와 우물을 막아 버렸다. 사막에서 우물을 잘 보존하지 않으면 이런 일이 생길 수밖에 없다.

하란 또한 고원과 사막이 끝없이 이어지는 곳이기에 우물은 생명 젖줄과 같았다. 그래서 그곳 사람들은 그 무엇보다 우물을 소중하게 취급했다. 우물을 깨끗한 상태로 보존하기 위한 필사의 노력이 있었다. 그 방법 중 하나가 우물을 돌로 덮어 두는 것이었다. 그렇지 않으면 제아무리 생수가 콸콸 솟는 우물일지라도 얼마 가지 않아 오물로 썩어 버리거나 쉴 새 없이 불어오는 모래 폭풍에 우물이 흔적도 없이 사라질 수 있기 때문이다. 당연히 동네의 공적재산 1호인 우물, 아무나 함부로 열 수 없었다.

야곱이 하란에서 처음 접한 우물이 바로 이 봉한 우물이었다. 그 물로 여러 목자와 양 떼의 갈한 목을 축여야 했기에 우물을 소중히 관리

하지 않을 수 없었던 것이다.

그러기에 그곳 목자들은 일종의 불문율이 있었다.

"본즉 들에 우물이 있고 그 곁에 양 세 떼가 누워 있으니 이는 목자들이 그 우물에서 양 떼에게 물을 먹임이라 큰 돌로 우물 아귀를 덮었다가 모든 떼가 모이면 그들이 우물 아귀에서 돌을 옮기고 그 양 떼에게 물을 먹이고는 우물 아귀 그 자리에 다시 그 돌을 덮더라"(창 29:2-3).

"모든 떼가 모이면" 이것이었다. '아무나 자기 기분이나 욕심대로 자기 양에게만 물을 먹이는 행위는 금한다. 모든 목자가 다 모였을 때에 비로소 봉한 샘을 연다. 그리고 다함께 양에게 물을 먹인다.' 그래야만 이 우물을 오랫동안 깨끗하게 사용하고 보존할 수 있기 때문이다. 물을 구하기 어려운 사막지대에서 충분히 이해되는 부분이다.

그날도 그런 상황이었다. 여기저기서 양 떼가 하나 둘씩 우물가로 모여들었다. 뜨거운 대낮에 얼마나 물이 먹고 싶었을까? 물론 목자들도 우물가에 이르렀을 것이다. 갈급한 양 떼는 목말라 '메에, 메에' 운다. 하지만 자기 양 떼에게 물을 먹이지 않고 우물가에서 기다리고 있다. 불문율 때문이다. 아직까지 목자들이 다 모이지 않았기 때문에 그 누구도 우물의 뚜껑을 임의로 열 수가 없었다.

야곱은 이러한 모습이 생소했던 것 같다. 아니, 그곳 불문율을 몰랐는지도 모른다. 여하튼 그가 훈수를 두기 시작한다. 그가 목자들에게 이렇게 말한다.

"야곱이 이르되 해가 아직 높은즉 가축 모일 때가 아니니 양에게 물을 먹이고 가서 풀을 뜯게 하라"(창 29:7).

무슨 말인가?

"순진해 빠진 친구들아, 뭐 하고 있니? 왔으면 우물을 막은 돌을 들어 내고 양 떼에게 물을 먹이면 되지. 그런 후에 다시 가서 풀을 뜯겨라. 왜 바보처럼 기다리고 있니?"

진정 인간人間 야곱다운 발상이다. 야곱이 지금까지 어떤 방식으로 살아 왔던가? 철저히 자기중심적이었다. 자신의 유익을 위해서라면 다른 사람은 안중에도 없었다. 그러니 남을 배려하는 이 목자들의 행동이 도무지 이해되지 않을 법도 하다. 그런데 야곱의 제안에 대해 목자들은 어떻게 반응하는가?

"그들이 이르되 우리가 그리하지 못하겠노라 떼가 다 모이고 목자들이 우물 아귀에서 돌을 옮겨야 우리가 양에게 물을 먹이느니라"(창 29:8).

목자들은 야곱의 제안을 거절한다. 그리고 다른 목자들이 한 사람도 빠짐없이 오기를 기다린다. 그들은 지금 목말라 하는 자기 소유의 양 떼만 생각하지 않는다. 물론 한갓 짐승에 불과한 양 떼들은 끊임없이 물을 달라고 울어 재낀다. 하지만 목자들은 묵묵히 기다린다. 모두 함께 그 자리로 모일 때까지 말이다. 그런데 바로 그때 그 '봉한 우물가'에서 한 사건이 터진다.

봉한 샘에서 영적 갈증을 해결하다

"야곱이 그들과 말하는 동안에 라헬이 그의 아버지의 양과 함께 오니 그가 그의 양들을 치고 있었기 때문이더라 야곱이 그의 외삼촌 라반의 딸 라헬과 그의 외삼촌의 양을 보고 나아가 우물 아귀에서 돌을 옮기고 외삼촌 라반의 양 떼에게 물을 먹이고 그가 라헬에게 입맞추고 소리 내어 울며"(창 29:9-11).

그 우물가에 라헬이 양 떼를 몰고 나타난 것이다. 야곱은 그 여인이 자신의 혈육이라는 사실을 알았다. 이때, 그가 어떤 행동을 취하는가? 모두가 모이기를 기다리는 목자들을 밀치고 우물 앞으로 다가간다. 그리고 우물을 막아 둔 돌을 한쪽으로 치워 버리고 라헬의 양 떼에게 물을 먹이는 것이다. 다른 목자들은 모두 기다리고 있었는데 말이다. 낯선 길손이 그야말로 행패를 부리는 듯한 행동이다. 야곱의 이러한 돌출 행동에 모두들 당황했을 것이다. 그렇다면 이 사건이 오늘 우리에게 어떤 교훈을 주는가?

우리가 제일 먼저 풀어야 할 과제는 '봉한 우물'이 무엇을 상징하느냐 이다. 광야에서 풀을 뜯는 양 떼가 타는 목마름으로 모여드는 덮은 우물, 봉한 샘이 도대체 무엇을 상징하기에 이 사건을 이렇게 길고 자세하게 기록하고 있는 것일까?

성경에는 덮은 우물, 봉한 샘이 등장하는 또 다른 곳이 있다

"내 누이, 내 신부는 잠근 동산이요 덮은 우물이요 봉한 샘이로구나"(아 4:12).

여기에서 "내 누이, 내 신부"는 일차적으로 솔로몬의 연인 '술람미 여인'을 가리킨다. 그러나 솔로몬이 주님을 상징하듯이 술람미 여인은 오늘날 그의 신부된 교회를 뜻한다. 그 술람미 여인을 향하여 '잠근 동산, 덮은 우물'이라고 명명한다. 그렇다면 여기에 잠근 동산, 덮은 우물, 봉한 샘은 '교회'란 뜻이다. 왜 하필이면 교회를 가리켜 잠근 동산, 덮은 우물, 봉한 샘이라고 하실까? 교회는 순결하고 온전한 맑은 생수를 공급해야 한다. 아니 교회는 누구든지 의심하지 않고 꿀꺽꿀꺽 마실 수 있는 우물이 되어야 한다는 뜻이다.

우리 주변에는 영적 갈증을 호소하는 자들이 많다. 이들이 교회를 찾아와 거리낌 없이 생명수를 마셔야 한다. 교회가 그런 봉한 샘이 되어야 한다. 교회는 세속의 먼지와 찌꺼기에 더럽혀지지 않은 순결하고 깨끗한 생수를 공급하는 역할을 감당해야 한다. 교회는 광야 같은 세상을 걸어가며 목말라하는 자들에게 시원한 생수를 아낌없이 공급하는 곳이어야 한다. 그래서 누구든지 교회에서 목마름을 면하고 시원함을 맛보아야 한다. 그 물로 인해 새 힘을 얻어야 한다. 교회가 이런 '봉한 샘'의 역할을 감당해야만 한다.

그러나 오늘날 교회는 어떠한가? '봉한 샘'이 아니다. 너무나 많이 오염되어 버렸다. 사회의 지탄 대상이 되고 있다. 손가락질을 받을 정도다. 물량주의, 세습, 가짜 학위, 가짜 논문 등으로 더럽혀져 있다. 강단의 메시지 또한 심각한 오염 상태. 아무 검열 없이 마셨다간 큰 탈이 날 지경이다. 정말 '봉한 우물'을 찾기가 힘든 오늘이다. 바로 이런 때에 '충정 우물'에서야 말로 생수가 터져 나오는 봉한 샘이 될 수 있도록 강단을 위해 기도해 주길 바란다.

봉한 샘은 개인의 소유가 아니다

그러면 봉한 샘을 찾은 우리는 어떤 마음가짐을 가져야 할까? 하란의 봉한 샘 앞에서 목자들은 모두 다 우물 아귀를 막은 돌이 옮겨지기를 조용히 기다리고 있다. 옆에서는 아무것도 모르는 양들이 '메에, 메에' 하며 물을 달라고 아우성이다. 그러나 목자들은 다른 목자가 모두 모일 때까지 자제하면서 기다린다. 그런데 야곱은 자기 외삼촌 딸인 라헬을 보고서 '우물의 불문율'을 깨 버리고 돌을 옮기고 양 떼에게 물을 먹인다.

그는 지금 다분히 튀는 행동을 하고 있다. 팔이 안으로 굽듯이 바람직하지 못한 행동을 하고 있는 것이다. 마치 자신이 그 우물을 좌지우지할 수 있다는 듯이 말이다. 누가 보아도 이러한 야곱의 태도는 옳지 못하다. 만일 야곱처럼 아무나 기분 내키는 대로 자기 욕심을 채우기 위해서 아무 때고 우물 뚜껑을 열어 제친다면 어떻게 되겠는가? 마라의 우물처럼 쉬 썩어 버리지 않겠는가?

이러한 야곱의 태도는 오늘 우리에게 시사하는 바가 크다. 야곱이 누구인가? 그는 자기 집에서 인정받지 못하고 살던 사람이다. 70세가 될 때까지 아무것도 이루어 놓은 것이 없는 사람이다. 야곱은 '봉한 우물'을 팔 때 손가락 하나 까딱하지 않았다. 그 현장에 없었다. 그런데 그가 지금은 우물을 좌지우지하려 하고 있는 것이다. 그 우물은 개인 소유가 아니다. 어느 특정인의 소유가 될 수 없다. 모두가 우물의 주인이다. 때문에 그 우물은 함께 잘 관리해야 한다. 그뿐만 아니라 그 우물은 후손들에게 넘겨주어야 할 귀중한 자산이기도 하다. 그런데 야곱이 봉한 우물을 마음대로 주장하려 하고 있다. 이것은 분명 잘못된 행동이다.

지상의 교회는 누구의 소유인가? 교회는 주님의 몸이다(엡 1:23). 바울은 교회를 '그의 몸된 교회'라 명명했다(골 1:24). 그렇다. 주님이 교회의 영원한 주인이시다. 그 누구도 교회에서 주인 행세를 하려고 해서는 안 된다. 교회를 자신의 손아귀에 넣으려 해서도 안 된다. 그러나 야곱처럼 교회를 개인 소유인양 생각하는 사람들이 종종 있다. 내가 개척을 했기 때문에 그 교회가 내 교회인가? 내가 헌금을 많이 했기 때문에 그 교회가 내 교회인가? 선조로부터 대대로 교회를 지켜 오기 때문에 내가 교회의 모든 것을 주장할 수 있을까? 어느 목사도, 장로도 교회의 주인일 수 없다. 교회는 머리이신 주님을 중심으로 각 지체들이 연합하여 하나를 이루고 있다. 그러므로 엄격하게 따지면 우리는 모두 종일뿐이다. 동시에 모두의 공동소유인 것이다.

따라서 이 교회를 늘 아끼고 살펴야 한다. 깨끗하게 보존될 수 있도록 심혈을 기울여야 한다. 하지만 야곱은 어땠는가? 양 떼에게 물을 먹이고 혈육인 라헬에게 입을 맞춘다. 우리는 사랑하는 사람과 입을 맞출 때 눈을 감는다. 아마 야곱도 그랬을 것이다. 입을 맞출 때 눈을 감는 이유는 무엇인가? 그것은 더 이상 살피지 않겠다는 뜻이다. 무조건 좋다는 것이다.

우리 또한 본능적으로 내 가족, 혈육에 대해 관대하다. 그러다 보니 가족이나 혈육의 잘못에 대해서는 눈을 감아 버리고 동조해 버리는 경향이 있다. 특히 부모는 자신의 자녀에게 무한대로 관대해진다. 그러나 자녀의 나쁜 버릇이나 잘못된 행동을 보고 눈감아서는 안 된다. 교회에서 내 자녀가 예배를 방해하고 지독하게 말썽을 부리고 있는데도 대견하다며 웃어넘긴다면 교회와 가정은 엉망이 될 것이다.

남녀가 사이좋게 대화하려면 얼굴 길이의 2.5배 만큼 거리가 떨어져야 한다고 한다. 그 정도가 상대방의 표정을 살펴보는 데 알맞다는 것이다. 모델을 상대로 하여 작품을 그리는 화가도 마찬가지다. 적어도 모델 키의 두 배쯤 떨어진 곳에 모델을 두어야 그림이 잘 나온다고 한다. 하지만 입 맞추는 사이가 되면 내 눈과 판단력이 흐려져 버린다. 지금 야곱은 주위를 아랑곳하지 않고 봉한 샘의 불문율을 무시해 버린 채 라헬과 입 맞추고 있다. 이러한 야곱의 돌출 행동은 그 어떤 것으로도 정당화할 수 없다.

교회가 진정 봉한 샘이 되려면 한두 사람의 노력으로 되지 않는다. 모두가 관심을 갖고 도와야 한다. 교회를 오랫동안 섬겨 온 사람이든, 교회에 온지 얼마 되지 않은 사람이든 마찬가지다. 교회는 내 욕심을 채우는 곳이 아니다. 내 기분과 감정대로 봉한 우물, 즉 교회를 좌지우지해서는 안 된다. 우리는 새 피를 수혈받은 자들이 아닌가. 육의 피 대신에 그리스도의 피를 받은 자들이다. 육체의 피가 혈관에서 빠져나가고 그리스도의 피가 우리 안에 새롭게 흐르고 있는 자들의 공동체다. 그리스도 안에서 새롭게 된 피조물의 결성체인 것이다. 때문에 야곱처럼 행동해서는 안 된다.

충정 교회의 목사로서 30여 년을 달려왔다. 그 과정에서 이 교회가 '봉한 샘'으로서의 역할을 감당해야 한다는 일념 하나뿐이었다. 갈급해 하는 양 떼가 기쁜 마음으로 이곳을 찾아 생수를 마심으로 갈급함을 해결받는 공동체가 되었으면 하는 마음뿐이었다. 앞으로도 생수가 쏟아져 나오는 '봉한 샘'이 되도록 심혈을 기울일 것이다(요 7:38). 우리 모두 이 봉한 샘을 그야말로 깨끗하고 정결한 샘으로 가꾸어 나가야 한다. 한 공동체로 부름을 받아 형제요, 자매된 자로서 매사에 자제심을 발휘해야 한다. 튀는 말, 행동들은 멈춰야 한다. 내 욕심을 채우기 위해서, 나를 드러내기 위한 목적으로 교회에 출입해서는 안 된다. 다른 사람을 배려하고 섬기는 일에 모범을 보여야 한다. 어느 한두 사람, 특정 지역, 집단이 교회를 주장하는 것은 결코 바람직하지 않다.

교회는 하나님의 교회이다. 동시에 우리 모두는 더 이상 "외인도 아니요 나그네도 아니요 오직 성도들과 동일한 시민이요 하나님의 권속"(엡 2:19)들이다. 모두가 주인이라는 말이다. 교회가 영원히 그분만이 영광 받으실 수 있는 공동체가 되도록 힘써야 한다. 이 땅의 모든 교회들이 그 옛날 하란의 우물가에서 일어났던 사건을 반복하지 않는 멋진 교회로 주님 오시는 그날까지 사명을 감당하길 간절히 바란다.

"또 내가 네게 이르노니 너는 베드로라 내가 이 반석 위에 내 교회를 세우리니 음부의 권세가 이기지 못하리라"(마 16:18).

Chapter 7

사랑한다면
감당해야 할 것

창 29:21~30

창세기 50장은 크게 네 사람의 스토리가 그 뼈대를 이루고 있다. 아브라함, 이삭, 야곱, 요셉이 그 주인공이다. 물론 창세기의 4대 사건이라고 할 수 있는 천지창조, 인간의 타락, 노아 홍수, 바벨탑 사건도 놓칠 수 없다. 창 12-25장은 아브라함, 26장은 이삭, 25~35장, 46~49장은 야곱 스토리다. 그리고 나머지는 요셉 스토리로 대단원의 막을 내린다. 그렇다면 아브라함에 관한 기사가 14장, 이삭은 1장, 요셉은 11장인 반면, 야곱에 관한 기사는 무려 15장에 이름을 알 수 있다. 야곱 스토리가 믿음의 조상 아브라함에 관한 기사보다 더 많다. 물론 스토리의 전개상 서로 중첩되는 부분들이 있기는 하다. 하지만 야곱에 관한 내용이 더 많은 것은 부인할 수 없는 사실이다.

약점투성이 야곱, 은혜를 받다

성경은 왜 이렇게 많은 지면을 야곱에게 할애하고 있을까? 아브라함, 이삭, 요셉과 비교할 때 야곱은 가장 많은 약점을 지닌 자이지 않은가? 믿음 하면 아브라함이 떠오르고, 평화 하면 이삭이 떠오른다. 여기에 성결 하면 누구나 요셉을 떠올린다. 그런데 야곱 하면 어떠한가? 팥죽을 쑤어서 장자권을 빼앗은 사람, 아버지를 속여 남의 축복을 가로챈 사람, 철저한 이기주의자가 연상될 뿐이다. 이런 측면에서 볼 때 그에 관한 기사는 간단히, 가장 적게 나와야 마땅하다. 그런데 놀랍게도 그 반대다. 이상하지 않은가?

더욱 충격적인 것은 하나님께서 친히 그 야곱에게 '이스라엘'이라는 영광스러운 이름까지 주셨다는 사실이다. 이스라엘의 뜻이 무엇인가? 야곱이 '하나님과 및 사람들과 겨루어 이겼다'라는 뜻이 아닌가(창 32:28). 이뿐만이 아니다. 그의 아들들이 이스라엘 열두 지파를 형성한다. '이스라엘'이라는 한 나라가 야곱으로부터 출발한 것이다. 어떻게 이런 놀라운 일들이 다른 사람도 아닌 약점투성이 야곱에게서 일어난단 말일까?

한 가지를 깨달았다. 야곱 스토리가 다른 사람들보다 더 많이 언급된 이유는 바로 그가 약점투성이의 인간이었기 때문이다. 아브라함이나 이삭, 요셉 같은 사람은 정말 대단하다. 그야말로 다섯 달란트 받은 자들임에 틀림없다(마 25:14). 그런데 우리는 어떠한가? 야곱처럼 너무나 많은 약점을 안고 있다. 그래서 기가 꺾이고 풀이 죽는다. 하지만 야곱을 보면 어떠한가? 친근감이 생긴다. 친구가 되고 싶다. 나와 닮은 부분이 많기 때문이다.

그렇잖은가? 남이 나보다 잘되면 내 기분은 어떠한가? 만약 회사 상사가 나와 동료 직원을 차별하면서 내게는 핀잔을, 동료 직원에게는 칭찬을 해주면 기분이 어떻겠는가? 남이 나보다 앞서가면 '그래, 나보다 앞서가니 참 대단하다. 잘된 일이다'인가, 아니면 '쳇, 잘난 척하기는' 하면서 시기와 질투로 잠을 꼬박 새우는가? 평소에 남을 축복해주는가, 아니면 발꿈치를 잡아 낚아채는가? 적어도 나는 야곱 쪽에 더 가깝다. 아니 우리 대부분이 야곱에 가깝다고 솔직하게 고백해야만 할 것이다. 어쩌면 야곱보다 못된 부분이 더 많은지도 모른다.

그런데 그런 허물과 약점투성이 야곱에게 이상하게 은혜가 임한다. 그가 기어이 믿음의 족장 반열에 세움을 입는다. 무슨 말인가? 우리가 야곱처럼 많은 약점이 있다 할지라도 하나님의 은혜 안에 있기만 하면 축복의 주인공이 될 수 있다는 진리를 깨우쳐 주기 위해서 야곱 스토리는 더 많은 분량을 할애하고 있는 것은 아닐까?

그렇다면 이 야곱을 보면서 우리도 희망을 가질 수 있다. '아, 저렇게 약점투성이인 자도 복을 받는구나! 믿음의 조상 반열에 서는구나! 이스라엘이 될 수도 있구나!' 그렇다. 약하고 허물투성이인 우리도 결코 좌절할 필요가 없다. 포기할 이유도 없다. '죽기로 자처할' 필요는 더더군다나 없다(왕상 19:4). 내 안에 부족한 부분, 악취가 나는 부분이 많은 것, 사실이다. 하지만 야곱을 볼 때 용기와 힘을 얻는다. '은혜와 축복'의 주인공이 될 수 있다는 희망을 갖는다(애 3:19-22).

사랑을 위해 종이 되다

야곱의 나그네 삶의 현장은 하란이다. 더 구체적으로 말하면 하란에 있는 라반의 집이 중심 무대다. 야곱은 이곳에서 라헬이라는 여성을 만난다. 그것도 '봉한 우물'가에서 첫 대면을 한다(창 29:9). 이 여성을 만난 것은 야곱 생애에 있어서 빼놓을 수 없는 의미심장한 사건이다. 그의 내면세계에서 지난 세월 동안 잠자고 있던 사랑의 감정이 활화산처럼 솟아난다. 그는 라헬을 연모하기 시작한다(창 29:18).

라헬을 연모하면서 야곱의 눈이 어두워진다. 이는 곧 계산에 밝지 못하게 되었다는 것이다. 진정한 사랑에 빠지면 판단력조차 흐려진다. 그뿐만 아니라 사랑 때문에 시간이 요술을 부리는 것을 느낀다. 성경은 이 사실을 이렇게 표현하고 있다.

> "야곱이 라헬을 위하여 칠 년 동안 라반을 섬겼으나 그를 사랑하는 까닭에 칠 년을 며칠 같이 여겼더라"(창 29:20).

그야말로 '하루가 천 년 같고 천 년이 하루 같은'(벧후 3:8) 시간의 요술 앞에서 라헬을 사랑하는 마음 하나로 7년 동안 라반의 집을 섬겼던 것이다. 설레는 마음으로 라헬을 아내로 맞이할 날을 손꼽아 기다리면서 말이다.

드디어 그 7년이 다 찼다. 그때 야곱은 라반에게 가서 이렇게 말한다.

"야곱이 라반에게 이르되 내 기한이 찼으니 내 아내를 내게 주소서 내가 그에게 들어가겠나이다"(창 29:21).

라반은 순순히 응한다. 동네 사람들을 모아 피로연까지 연다(창 29:2). 이것은 대내외적으로 '내 딸 라헬을 야곱에게 시집보낸다'는 통지요, 알림이다.

피로연이 끝난 후 첫날밤이 찾아왔다. 지난 7년 동안 오직 이 라헬 한 여인을 위해 헌신, 희생하며 기다려 왔다. 그런데 지금 곁에 바로 그 여인이 누워 있다. 얼마나 가슴 벅찬 뜨거운 밤이었으며 행복의 순간인가? 그렇게 밤은 깊어만 갔다.

그런데 이게 웬일인가? 아침에 눈을 떠 보니 자신과 함께했던 여인은 라헬이 아니라 언니인 레아였다. 라반이 야곱을 속인 것이다. 라반은 이런저런 이유를 들어 그렇게 된 사정을 말했으나 거짓말한 것은 틀림이 없다. 정말 터무니없는 일이요, 속상한 일이 아닐 수 없다. 7년이란 긴 세월이 헛수고요 물거품이 되어 버렸다. 실로 땅을 치며 통탄할 일이다. '7년 동안 오직 라헬만을 생각하며 머슴살이를 했는데 어떻게 이럴 수 있단 말인가? 이렇게 감쪽같이 속일 수 있단 말인가? 그것도 외삼촌이라는 자가 이럴 수 있단 말인가' 하는 배신감과 함께 헤아릴 수 없이 많은 생각들로 끓어오르는 분노를 진정시킬 수 없었을 것이다.

그런데 바로 이 상황에서 야곱이 어떤 태도를 취하는가? 사실 본문의 핵심은 여기에 있다. 야곱은 원래 자유인이다. 자유롭게 자기의 행동을 결정할 수 있는 신분이라는 말이다. 그는 라반의 집에 종으로 팔려 온 사람이 아니다. 노예가 아니란 말이다. 때문에 얼마든지 외삼촌을 향하여 항의할 수 있다. 그 집에서 뛰쳐나갈 수도 있다. '뭐, 저런 인간이 다 있어?' 하고선 한바탕 소란을 피울 수도 있다. 기분 나쁘고 속상한 일을 당했으니 말이다. 물론 다른 집으로 갈 수도 있다. 부모가 계시는 가나안으로 돌아갈 수도 있다. 그 누구도 그의 행동에 대해 제동을 걸 수 없다. 자유인이기 때문이다.

하지만 그때 야곱은 어떤 결단을 하는가? 자기 스스로를 라반의 집에 묶는다. 자원하여 다시 한 번 그 집의 종이 되기로 결심한다. 자신이 누릴 수 있는 자유를 스스로 포기한다.

야곱이 스스로를 묶었던 이유가 무엇인가? 단 하나, 그 집에 사랑하는 사람이 있기 때문이다. 사랑하는 사람을 위해 자원하여 그 집에 묶이는 것이다. 성경은 그 현장을 이렇게 소개한다.

"야곱이 또한 라헬에게로 들어갔고 그가 레아보다 라헬을 더 사랑하여 다시 칠 년 동안 라반을 섬겼더라"(창 29:30).

그는 다시 한 번 그 집에서 7년을 더 섬기기로 마음을 정한다. 결국 라반의 집에서 도합 20년을 머물렀던 것이다.

"내가 이 이십 년을 외삼촌과 함께 하였거니와 외삼촌의 암양들이나 암염소들이 낙태하지 아니하였고 또 외삼촌의 양 떼의 숫양을 내가 먹지 아니하였으며"(창 31:38).

"내가 외삼촌의 집에 있는 이 이십 년 동안 외삼촌의 두 딸을 위하여 십사 년, 외삼촌의 양 떼를 위하여 육 년을 외삼촌에게 봉사하였거니와 외삼촌께서 내 품삯을 열 번이나 바꾸셨으며"(창 31:41).

야곱은 사랑하는 여인을 위해서라면 지난 세월도, 앞으로의 세월도 결코 아깝다는 생각을 하지 않고 있다.

진정 주님을 사랑한다면 바보가 돼라

그렇다면 여기 '라반의 집'은 무엇을 상징할까? 광야의 길을 걸어가는 우리 인생들에게 머물도록 준비된 '교회'를 뜻한다. 그런데 교회도 인간들이 모여 있기에 때로는 여러 가지 은혜롭지 못한 일들이 일어난다. 라반은 자녀를 이용하여 자기 욕심만 채우려 한다. 레아는 물타기를 시도한다. 그녀는 야곱이 왜 저렇게 열심히 봉사하는지 모두 알고 있다. 그럼에도 불구하고 결정적인 순간에 동생을 제치고 신방에 들어가 버린다. 이와 같은 일들이 매일같이 라반의 집에서 일어나고 있었다.

교회도 마찬가지다. 구성원들 가운데 어떤 이는 겉으로 볼 때 대단히 믿음이 좋고 인격적으로 괜찮은 것 같다. 그런데 결정적인 순간에 인간 냄새를 피운다. 교묘하게 이기심을 표출한다. 조그마한 일도 그냥 넘기지 못한다. 자기 욕심만 채우려 한다. 열심히 헌신하고 봉사하는 이유가 장로, 권사가 되는 것임을 공공연하게 드러낸다. '죄인들의 집합체'인 교회는 결코 완전한 공동체가 아니다. 그 옛날 라반의 집에서 일어났던 동일한 일들이 오늘의 교회에서 끊임없이 벌어진다.

그럼에도 불구하고 우리는 어떻게 해야 하는가? '내 아버지 집'에 스스로를 묶어야 한다(눅 2:49). 왜냐하면 그 집에 내가 진정으로 사랑하는 분이 계시기 때문이다. 그분이 누구인가? 바로 '예수 그리스도'시다. 내가 진정 그분을 사랑한다면 지금 당하는 수모, 희생, 손해, 속임, 이 모든 것들을 참고 견딜 수 있다. 아니, 마치 바보처럼 그 집에서 봉사를 자청할 수 있다. 7년이 아니라 14년, 20년, 아니 하나님이 부르실 때까지 교회에 자신을 묶어 둘 수 있다. 때로는 속상한 일들이 생길 수도 있다. 자존심도 없는 사람처럼 짓밟히고, 속임을 당하고, 무시당하는 일들도 비일비재할 것이다.

하지만 우리는 교회에 자신을 묶어 두어야 한다. 하나님은 이러한 야곱을 귀하게 보셨다. 그래서 결국은 그를 축복하시고 이스라엘까지 되게 하셨다. 더 나아가 그의 자녀가 한 나라의 골격 즉 이스라엘의 열두 지파를 이루게까지 해주셨다. 여기에 덧붙여 물질적인 축복까지 부어 주심으로 영적, 육적 축복을 가득 안고 가나안으로 금의환향錦衣還鄉을 하게 해주셨다. 당시 야곱은 이렇게 고백한다.

"나는 주께서 주의 종에게 베푸신 모든 은총과 모든 진실하심을 조금도 감당할 수 없사오나 내가 내 지팡이만 가지고 이 요단을 건넜더니 지금은 두 떼나 이루었나이다"(창 32:10).

이 얼마나 눈물겨운 고백이요, 감격스러운 간증인가!

사랑이란 무엇인가? 그것은 사랑하는 대상 때문에 내가 묶이는 것이다. 마음과 몸, 아니 내 모든 것이 다 묶이는 것이다.

옛날 한 성악가가 개 한 마리를 자식처럼 키웠다. 개는 주인이 성악 연습을 할 때마다 옆에 쪼그리고 앉아 노래를 경청했다. 성악가는 나중에 크게 성공해 많은 음반을 취입했다. 그러나 그는 과로로 갑자기 세상을 떠나고 말았다. 개는 더 이상 주인을 볼 수 없었다. 어느 날 거리를 방황하던 개가 한 레코드 가게 앞에서 걸음을 멈추었다. 레코드 가게에서 주인의 노래 소리가 들려 온 것이다. 개는 축음기 앞에 쪼그리고 앉아 주인이 나오기를 기다렸다. 그러나 세상을 떠난 주인이 나타날 리가 없었다. 레코드 가게 주인이 이상하게 생각하고 개를 쫓아 보려고 했지만 개는 꼼짝도 하지 않았다. 저녁이 되어 가게 주인은 문을 닫고 집으로 돌아갔다. 그날은 매우 추운 날이었다. 다음 날 아침 주인이 가게에 나왔을 때 개는 쪼그린 채로 얼어 죽어 있었다. 컬럼비아 레코드사는 이 개의 충성심을 보고 '축음기 앞에 앉아있는 개'의 모습을 회사의 상징물로 삼았다.

개가 레코드사를 떠나지 않은 이유가 어디에 있었을까? 무엇이 개를 그곳에 묶어 두었을까? 그것은 주인을 향한 사랑이었다. 사랑은 이와 같이 자신을 묶어 두는 것이다. 사랑하는 대상 앞에 자기 자신을 노예로, 종으로 묶어 버리는 것이다. 그 사랑의 대상을 위해서라면 시간도, 젊음도, 물질도 아깝지 않다.

사도 바울은 주님께 묶인 자였다. 그래서 그는 이렇게 고백한다.

"보라 이제 나는 성령에 매여 예루살렘으로 가는데 거기서 무슨 일을 당할는지 알지 못하노라"(행 20:22).

그는 일생 동안 주님께 자신을 묶고 살았다.

골고다에 저주의 십자가가 세워졌다. 그 위에 예수라는 분이 매달려 피를 흘리며 신음하고 있었다. 이미 계산이 빠른 제자들은 자신들의 몸을 보존하기 위하여 저 멀리 도망쳐 버리고 말았다. 그런데 바로 그 십자가 곁에 막달라 마리아를 위시한 몇몇 여인들이 십자가를 바라보고 있었다(요 19:25). 그 신음소리를 들으며, 찢어지는 살갗, 떨어지는 핏방울을 보고 있었다. 여인들은 왜 십자가 곁을 떠나지 못했을까? 무엇이 자신들을 십자가에 묶어 두었을까? 예수님을 향한 사랑, 바로 그 사랑이다. 사랑 때문에 그들은 그곳을 떠날 수가 없었던 것이다.

새가족 심방을 갈 때마다 항상 함께 부르는 찬송이 있다. 찬송가 380장이다. 내가 이 찬송을 부르는 이유는 후렴 부분이 특히 마음에 와 닿기 때문이다.

> 나의 생명 되신 주 주님 앞에 나아갑니다
> 주의 흘린 보혈로 정케 하사 받아주소서
> 날마다 날마다 주를 찬송하겠네
> 주의 사랑 줄로써 나를 굳게 잡아매소서
> -찬송가 380장 '나의 생명 되신 주'

충정교회에 1989년 6월에 담임으로 부임했다. 앞서 부교역자로 사역했던 교회들은 여러 가지 면에서 두드러진 부분이 많은, 그래서 신학생이면 누구나 사역해 보고 싶어 하는 그런 교회였다. 그런데 담임으로 부임한 충정교회는 그렇지 못했다. 여러 면에서 많은 차이가 있었다. 그래서 몇몇 유력한 교회들로부터 청빙을 받을 때마다 갈등을 느끼곤 했다. 하지만 평생 이 교회로 인도하신 하나님의 뜻이 있을 것이라고 믿음으로 정중히 거절하곤 했다.

그런데 5년, 10년이 되어도 부흥의 가능성이 보이지 않았다. 어떤 미세한 변화의 조짐도 나타나지 않았다. 아니 일어나는 기색조차 없었다. 이러한 교회에서 나의 모든 것을 희생하는 것 자체가 무의미한 것처럼 느껴지기도 했다. '이렇게 나의 한 평생을 끝내고 말 것인가!'

그러나 그때마다 위임식 날 교우들 앞에서 다짐했던 답사가 귀청을 두드렸다. 나는 공개석상에서 이렇게 이야기한 바 있다.

"여러분을 잘 묻어 드리겠습니다. 그리고 나도 여러분과 함께 묻히겠습니다."

그리고 얼마 후 본적지까지 충정교회로 옮겼다. 이것은 흔들리지 않도록 자신을 묶어 두기 위한 장치였다. 부임 30년이 가까운 지금, 주변에서 "충정교회는 하나님의 은혜와 축복이 풍성한 교회다"라고들 말한다. 진정 그러하다. 그 어떤 교회도 부럽지 않다. 충정교회를 떠올리기만 해도 입가에 미소가 번진다. 입에서 감사가 절로 나온다.

야곱이 하란에 있는 라반의 집에 오게 된 것은 자신이 지금까지 살던 집에 더는 머물 수 없었기 때문이다. 긴 세월 정들었던 집을, 지금까지 사랑과 교제를 나누었던 혈육을 떠나면서 얼마나 아쉬워 눈물을 흘렸을까? 하란은 모두 처음 보는 낯선 얼굴들뿐이었다. 게다가 고향 가나안에서보다 더 살벌하고 정떨어지는 일들이 라반의 집에서 일어났고, 그 일 때문에 크게 상처를 입어야만 했다.

그럼에도 야곱은 새로운 정착지 하란, 라반의 집에서 최선을 다한다. 사람들을 바라보지 않고 사랑하는 사람만 생각한다. 그 라반에 집에 자신을 묶어 놓고 충성스럽게 일한다. 하나님은 이러한 야곱을 결코 실망시키지 않으셨다. 그의 소원을 놀랍고 풍성하게 이루어 주셨다. 그야말로 지팡이 하나가 크게 '두 떼'로 변한 것이다. '사랑하는 자'가 있는 집에 자신을 묶어 두었을 때 말이다. 야곱을 통해 이것만은 배워야 한다.

어떤 연유로 라반의 집, 이 교회에 발을 들여 놓았는가? 내 사랑하는 분, 주님이 계신 교회에 스스로를 묶어 보라. 야곱이 받았던 축복의 주인공이 되는 기쁨을 맛보게 될 것이다.

"너희는 자유가 있으나 그 자유로 악을 가리는 데 쓰지 말고 오직 하나님의 종과 같이 하라"(벧전 2:16).

Chapter 8

삶의 문제를 해결하는
세 가지 태도

창 30:1~2

라반에게는 두 딸이 있었다. 이들은 여러모로 대조가 되었다. 언니인 레아는 눈이 어둡고 판단력과 분별력도 떨어지며 외모도 평범했다. 성격 또한 소심하면서 정적이었다. 동생 라헬은 언니와 정반대였다. 그녀의 외모는 곱고 아름다웠다. 모든 면에 자신만만하고 성격은 쾌활했다. 자신감이 넘치는 동적인 성향의 소유자였다. 그녀를 보는 남자들은 누구나 사랑스런 마음으로 관심을 보였다. 야곱도 예외는 아니었다. 그녀를 보는 순간 사랑에 빠졌다. 그 사랑은 보통 사랑이 아니라 '7년을 수일 같이' 여길 정도의 사랑이었다. 아니 '14년도, 더 나아가 일생을 다 바쳐도 아깝지 않다'면서 죽기 살기로 사랑하고픈 여성이었다. 때문에 레아는 언제나 라헬에게 뒤쳐졌을 뿐만 아니라 주위 사람들로부터도 무시와 외면을 당하곤 했다.

그런 어느 날, 이 두 자매 앞에 근사한 청년이 나타난다. 헌데 그 청년이 언니인 자기를 제치고 동생을 더 좋아하는 것이 아닌가! 그 모습을 매일같이 바라봐야 하는 언니의 심정은 어떠했을까? 그런데 놀라운 일이 일어났다. 그 사람과 동생이 결혼한 첫날밤, 아버지 라반이 찾아왔다. 그리고선 신방에 자신을 밀어 넣는 것이 아닌가(창 29:23)! 그래서 얼떨결에 그 남자와 법적 부부가 되었다. 하지만 남편 된 자는 여전히 법적 아내인 자신에게는 눈길조차 주지 않은 채 동생에게만 빠져 있다. 그리고 7일 후 동생도 남편의 아내가 되었다(창 29:28). 그때 한 남자를 놓고 '사랑의 라이벌'과 함께 살아야 했던 언니 레아의 심정이 어떠했을까?

이런 상황에서 레아와 라헬, 누가 더 행복했겠는가? 사실, 누구로부터 사랑을 받는 것만큼 행복한 일이 또 어디 있을까? 당연히 라헬이 레아보다 '행복지수'가 높았을 것이라고 단정 지을 것이다. 그런데 정반대의 상황이 벌어지고 있었다.

"라헬이 자기가 야곱에게서 아들을 낳지 못함을 보고 그의 언니를 시기하여 야곱에게 이르되 내게 자식을 낳게 하라 그렇지 아니하면 내가 죽겠노라 야곱이 라헬에게 성을 내어 이르되 그대를 임신하지 못하게 하시는 이는 하나님이시니 내가 하나님을 대신하겠느냐"(창 30:1-2).

누가 '못살겠다. 죽겠다'고 하며 남편의 가슴팍을 쥐어뜯고 있는가? 레아가 아닌 라헬이다. 상식을 뛰어넘는 일이 벌어지고 있는 것이다. 남편을 빼앗긴 레아가 괴로워하고 고통스러워해야 하는데 이와는 정반대로 라헬이 죽겠다고 아우성이다. 왜 이렇게 일반적인 예상을 뒤엎는 정반대의 결과가 나타나고 있는 것일까? 죽겠다고 소리 질러야 할 사람은 조용하다. 행복하다고 으스대야 할 사람은 죽겠다고 악을 쓰고 있다. 이 부분을 좀 더 깊이 묵상해 보자.

질투하는가? 마음을 다스려라

인생을 살면서 문제가 없는 사람은 없다. 누구나 문제 한두 가지씩은 가지고 있다. 이 자매도 마찬가지다. 레아와 라헬은 종류는 달랐지만 각자 나름대로 어려움을 안고 있었다. 하지만 엄격히 비교한다면 레아가 더 큰 문제와 아픔을 안고 있었다. 그럼에도 불구하고 라헬이 더 괴로워하는 것은 왜일까? 그것은 문제를 대처하는 방법이 달랐기 때문이다. 어떻게 달랐던가?

두 사람은 적어도 몇 가지 면에서 현격한 대조를 보인다.

먼저, 라헬은 질투심을 다스리지 못하고 있다. 라헬은 다른 사람도 아닌 친언니가 아기 낳는 것을 보고 시기하며 질투한다(창 30:1). 잠언 기자는 "시기는 뼈를 썩게"(잠 14:30) 한다고 말했고, 지혜자는 "질투는 스올 같이 잔인"(아 8:6)하다고 말한 바 있다. 가인의 질투 즉 분노가 동생 아벨을 돌로 쳐 죽이는 기폭제가 되지 않았던가(창 4:4).

사무엘상 1장에는 한나와 브닌나가 등장한다. 브닌나는 아기를 낳았고 한나는 아기를 낳지 못했다. 그러자 브닌나는 아기를 낳지 못하는 한나를 놀려댔다. 성경은 이를 두고 '격분하게 했다'라고 말한다.

"여호와께서 그에게 임신하지 못하게 하시므로 그의 적수인 브닌나가 그를 심히 격분하게 하여 괴롭게 하더라"(삼상 1:6).

그때 한나가 얼마나 속상했겠는가? 하지만 한나는 어떠했던가?

"한나가 마음이 괴로워서 여호와께 기도하고 통곡하며 서원하여 이르되 만군의 여호와여 만일 주의 여종의 고통을 돌보시고 나를 기억하사 주의 여종을 잊지 아니하시고 주의 여종에게 아들을 주시면 내가 그의 평생에 그를 여호와께 드리고 삭도를 그의 머리에 대지 아니하겠나이다"(삼상 1:10-11).

한나는 자신의 감정을 그 누구에게도 드러내지 않았다. 오직 하나님 앞에 자신의 문제, 아픔을 가지고 나아갔다. 그리고 그 앞에 다 내놓는다. 이것이 예수 믿는 자의 태도가 아닐까!

그날 야곱의 가정에서는 어떤 일이 벌어졌는가? 언니 레아는 사랑을 받지 못했으나 아이는 낳았다. 동생 라헬은 사랑을 받았다. 하지만 아이를 낳지 못했다. 그때 레아는 브닌나와 같은 태도를 취하지 않았다. 자신이 아기를 낳았다고 해서 으스대지도 않았고, 동생이 아이를 낳지 못한다고 해서 멸시하지도 않았다. 그저 하나님이 태를 열어 주셔서 아기를 낳았을 뿐이다. 그런데 라헬은 어떠했는가? 레아를 투기했다. 레아가 누군가? 바로 자신의 친언니가 아닌가? 더군다나 남편으로부터 사랑을 받지 못하고 있다는 사실을 그 누구보다 더 잘 알고 있다. 그렇다면 축복해 주고 함께 기뻐해야 한다. '나는 아기를 낳지 못하는데 언니라도 낳았으니 그래도 다행이다. 참 잘되었다' 하고 생각하는 것이 옳다. 그런데 라헬은 언니가 잘되는 것을 보고 투기한다. 투기하면서 소리까지 바락바락 지른다. 그의 뼈가 지금 썩고 있다.

미국 예일대학의 심리학 교수 살로비P. Salovey 박사는 미국 범죄의 20퍼센트가 질투 때문에 생긴 행위라고 말했다. 질투는 범죄행위의 주요 요인이다. 그런데 신기하게도 자기와 관계없는 사람을 질투하는 일은 거의 없다. 도시의 백화점에서 옷가게를 하는 사람이 시골 어느 농부가 농사를 잘해 거금을 벌었다고 해서 질투하지 않으며, 회사원이 같은 동네 식료품점에 손님이 많이 북적이는 것을 보며 질투하는 법이 없다. 하지만 같은 분야에서 서로 경쟁 관계에 있을 때는 질투심이 '여호와의 불'처럼 일어난다(잠 14:30). 이 질투의 불길은 가까운 사이일수록 더 크게 작용한다. 특히 피를 나눈 가인과 아벨, 에서와 야곱, 요셉과 그의 형제들 사이에서 이 질투가 화염처럼 타올랐다.

이 같은 질투의 출발점은 어디일까? 십중팔구는 열등감이다. 그리고 열등감은 비교의식에서 출발한다. 라헬은 언니와 자신과의 비교의식 때문에 열등감의 포로가 되었고, 결국은 질투심 때문에 자살 소동까지 벌이는 것이다(창 30:1).

비교의식, 열등감, 질투심은 그 사람의 뼈를 썩게 하는 3대 요소다(잠 4:30). 그것도 나와 가까운 사람, 정말 축하하고 격려해 주어야 할 사람을 놓고 비교하면서 투기와 질투를 한다면 이것은 대단히 심각한 상태를 초래하게 된다.

반면에 레아는 어떠했던가?

"여호와께서 레아가 사랑 받지 못함을 보시고 그의 태를 여셨으나 라헬은 자녀가 없었더라"(창 29:31).

개역한글판 성경에서는 사랑 받지 못하는 것을 '총이 없다'고 표현했다. 이 말은 히브리어 단어로 '싸네'인데, 여기에는 두 가지 의미가 있다. 첫째는 '사랑을 받지 못한다. 관심을 끌지 못한다'라는 뜻이다. 레아는 사랑받을 정도의 매력적인 여자가 아니었다. 그래서 아무도 그녀에게 관심을 기울이지 않았다. 때문에 언제나 소외되며 뒤로 밀리고 무시당하면서 성장기, 사춘기를 보냈다. 나중에는 남편에게까지 사랑받지 못하는 불행한 여인이었다.

그럼에도 레아는 대단히 인상 깊은 마음가짐을 가지고 있다. '싸네'는 '증오, 시기하지 않는다. 미워하지 않는다'는 뜻으로도 해석할 수 있기 때문이다. 무슨 말인가? 레아는 사람들이 자기를 소외시키고 관심을 주지 않아도 그들을 미워하지 않았다는 말이다. 그녀의 마음은 증오로 도배되어 있지 않았다. 설령 동생이 자신보다 더 아름답고, 그래서 뭇사람들에게 사랑을 받아도, 남편이 동생을 더 좋아해도 그 동생을 시기하지 않았다. 보통 사람이면 자학하고 부모를 원망하며 나아가 동생을 질투하고 시기심에 불탈 만도 하다. 하지만 레아는 그렇지 않았다. 그녀는 자기의 마음을 잘 다스렸다. 증오심, 미운 감정,

시기심을 극복했다.

"노하기를 더디하는 자는 용사보다 낫고 자기의 마음을 다스리는 자는 성을 빼앗는 자보다 나으니라"(잠 16:32).

"실로 내가 내 영혼으로 고요하고 평온하게 하기를 젖 뗀 아이가 그의 어머니 품에 있음 같게 하였나니 내 영혼이 젖 뗀 아이와 같도다"(시 131:2).

결국 제일 중요한 것은 마음을 어떻게 다스리느냐 하는 것이다.

부러운가? 내가 받은 축복을 기억하라

여기서 중요한 것은 스스로를 어떤 눈으로 바라보느냐이다. 레아와 라헬이 스스로를 어떻게 바라보는가? 사실, 동생 라헬은 언니 레아가 받지 못한 더 크고 많은 복을 받아 누리고 있다. 건강하게 앞을 볼 수 있는 것, 아름다운 외모, 자신을 사랑해 주는 남편, 활달한 성격 등, 이 모든 것들이 얼마나 큰 축복인가? 그러나 라헬은 이런 축복을 감사하지 않는다. 가지지 못한 것에 시선을 고정시키며 불평, 불만으로 가득 차 있다. 심지어 '죽겠다'고 소리를 질러 댄다(창 30:1).

하지만 레아는 그렇지 않다. 그는 자신을 남과 비교하지 않는다. 열등감에 사로잡혀 죽느니 사느니 하지 않는다. 오히려 하나님이 주신 것에 감사하고 찬양한다. 자신이 지금 받아 누리고 있는 그것에 초점을 맞추며 살아간다.

"그가 또 임신하여 아들을 낳고 이르되 내가 이제는 여호와를 찬송하리로다 하고 이로 말미암아 그가 그의 이름을 유다라 하였고 그의 출산이 멈추었더라"(창 29:35).

자신은 언제나 남들보다 특별해야 하고 더 축복받아 모자람이 없어야 한다고 생각하는 사람만큼 교만한 사람은 없다. 진정으로 특별해야 할 분, 모자람이 없으신 분은 누구신가? 하나님 한 분밖에 안 계시다. 그런데 '나는 다 소유해야 한다'고 생각하는 것은 사탄의 생각이며 하나님처럼 높아지려는 교만이다. 하나님은 공평하신 분이다. 내가 가지지 못한 것을 남이 가질 수도 있고 남이 가지지 못한 것을 내가 가질 수도 있다. 그러므로 우리는 남이 가진 것 때문에 투기하고 불평할 것이 아니라 내가 하나님으로부터 받아 누리고 있는 부분을 찾아 감사해야 한다.

온몸이 불편한 가운데서 투병으로 하루하루를 살아가고 있는 '송명희' 시인은 이렇게 노래했다.

나 가진 재물 없으나
나 남이 가진 지식 없으나
나 남에게 있는 건강 있지 않으나
나 남이 못 본 것을 보았고
나 남이 듣지 못한 음성 들었고
나 남이 받지 못한 사랑 받았고
나 남이 모르는 것 깨달았네

공평하신 하나님이

나 남이 가진 것 나 없지만

공평하신 하나님이

나 남이 없는 것 갖게 하셨네 - 찬양 '나'

　　이것이 하나님 앞에서 취해야 할 바람직한 자세다. 라헬은 남편의 사랑을 듬뿍 받는 대신 아이를 낳지 못했다. 반면 레아는 남편의 사랑을 받지 못하는 대신 자식을 낳아 공허한 마음에 위로를 받았다. 우리의 눈으로 볼 때 세상은 불공평하기 그지없고 하나님은 공평하지 못하신 분처럼 느껴질 때가 있다. 하지만 분명히 깨달아야 할 사실은 남이 가진 것을 내가 가지지 못했듯이 나 역시 남이 가지지 못한 것을 가지고 있다는 것이다. 그런데도 내가 받은 축복은 대수롭지 않게 생각하고 남이 받아 누리는 축복은 크게 보며 시기 질투하는 것은 바른 자세가 아니다.

　　하나님은 나도 사랑하시지만 다른 사람도 사랑하신다. 그래서 나에게 주시지 않는 것을 다른 사람에게 주시기도 하며 다른 사람이 가지지 못한 것을 내가 받아 누리기도 한다. 이 귀한 깨달음을 가슴 깊이 간직해야 한다. 내 옆의 사람이 행복해 보이는가? 그가 가지지 못한 것을 내가 가지고 있다는 사실을 잊지 말아야 한다. 남이 받아 누리는 것에 예민할 필요가 없다. 내가 받아 누리는 것이 무엇인가를 찾아 감사하는 마음을 가져야 한다. 이런 자에게 하나님의 은총이 더 풍성히 나타날 것이다. 결국 참된 행복은 하나님과의 관계에 있다

참된 행복은 하나님과의 관계에 있다

레아와 라헬의 결정적인 차이점이 무엇이었던가? 그것은 '문제를 가지고 누구 앞에 나아가느냐'였다. 라헬은 자신의 문제를 사람에게 가지고 나아갔다. 남편의 가슴팍을 쥐어뜯으며 소리소리 지른다. 남편이 아이 낳지 못하는 문제를 해결할 힘, 능력이 있는가? 하나님을 대신할 수 있는가? 그 남편이 머리털 하나라도 희게 혹은 검게 할 수 있는 존재인가(눅 21:18).

그런데 어떤 문제가 터졌을 때에 그것을 사람에게 가지고 나아가 하소연해서 위로받고 문제를 해결하려는 자들이 많다. 그런다고 진정 그 문제가 매끄럽게 풀릴까? 오히려 더 복잡하게 얽힐 뿐이다. 이처럼 문제 앞에서 라헬이 취한 자세는 결코 신앙인의 자세라고 할 수 없다.

반면에 레아는 어떤 자세를 취하는가?

"레아가 임신하여 아들을 낳고 그 이름을 르우벤이라 하여 이르되 여호와께서 나의 괴로움을 돌보셨으니 이제는 내 남편이 나를 사랑하리로다 하였더라 그가 다시 임신하여 아들을 낳고 이르되 여호와께서 내가 사랑 받지 못함을 들으셨으므로 내게 이 아들도 주셨도다 하고 그의 이름을 시므온이라 하였으며 그가 또 임신하여 아들을 낳고 이르되 내가 그에게 세 아들을 낳았으니 내 남편이 지금부터 나와 연합하리로다 하고 그의 이름을 레위라 하였으며 그가 또 임신하여 아들을 낳고 이르되 내가 이제는 여호와를 찬송하리로다 하고 이로 말미암아 그가 그의 이름을 유다라 하였고 그의 출산이 멈추었더라"(창 29:32-35).

레아는 철저히 자신의 문제를 누구에게 가지고 나아가는가? 레아는 라헬처럼 사람을 찾지 않는다. 놀랍게도 하나님을 찾고 그 앞에 자신의 문제를 내어놓는다. 또 부르짖어 기도한다. 눈물을 그 앞에 쏟아 놓는다. 바로 그때 하나님은 레아의 부르짖는 소리를 들으시고 르우벤과 시므온과 레위와 유다를 주셨다. 그리고 그 유다를 통해 인류의 구원자 예수 그리스도께서 탄생하셨다(마 1:2).

어떤 문제도 없는 사람이 있을까? 우리는 모두 다 풍랑이 이는 바다를 항해하며 모래사막을 건너가는 나그네들이다. 쉴 새 없이 문제 앞에 노출된다. 그러므로 중요한 것은 문제가 진정 문제가 아니다. 문제 앞에서 어떤 자세를 취하느냐, 문제를 어떻게 바라보며 대체해 나가느냐가 문제이다. 지금 어떤 태도를 취하고 있는가? 문제를 가지고 누구 앞에 나아가고 있는가? 라헬처럼 사람에게인가? 아니면 레아처럼 하나님께인가?

은혜 중의 은혜는 믿음의 눈이 열리는 것이다. 이 눈이 열릴 때 문제와 환경을 뛰어넘는다. 사람을 보며 붙잡고 살던 자가 영원하신 하나님을 붙잡고 그 앞에 나아가 엎드리는 것, 이것이 참된 은혜다.

소유는 행복을 결정짓는 잣대가 아니다. 누구와 관계를 맺고 있느냐가 행복을 결정짓는다. 어떤 사람은 인간관계에 집착한다. 그러나 참된 행복은 사람과의 관계에 있지 않다. 살아 계신 하나님과의 관계가 올바르게 정립되어 있는 자야말로 참된 행복을 맛본다. 그 무엇을 소유하지 못해도 좋다. 하나님을 소유한 사람은 세상이 주지 못하는 하늘의 행복을 맛본다. 그분은 모든 것을 가능케 하시는 분이요, 모든 것을 소유하신 분이기 때문이다.

이제 라헬에서 레아의 차원으로 한 단계 도약해야만 한다. 하나님과의 관계를 소중하게 생각하며 그 앞에 문제를 가지고 나아가므로 더 큰 은혜와 축복을 받아 누리는 최후의 승리자들이 될 수 있기를 기원한다.

"너희는 귀를 기울이고 내게로 나아와 들으라 그리하면 너희의 영혼이 살리라 내가 너희를 위하여 영원한 언약을 맺으리니 곧 다윗에게 허락한 확실한 은혜이니라"(사 55:3).

Chapter 9

하찮은 인간, 보석이 되다

창 30:1~13

어느 날 하나님은 야곱의 할아버지인 아브라함을 데리고 바깥으로 나가셨다. 그리고 하늘의 별들을 가리키시면서 말씀하셨다.

"그를 이끌고 밖으로 나가 이르시되 하늘을 우러러 뭇별을 셀 수 있나 보라 또 그에게 이르시되 네 자손이 이와 같으리라"(창 15:5).

하나님은 이 언약을 모리아 산 사건 이후 재확인해 주셨다.

"내가 네게 큰 복을 주고 네 씨가 크게 번성하여 하늘의 별과 같고 바닷가의 모래와 같게 하리니 네 씨가 그 대적의 성문을 차지하리라"(창 22:17).

하지만 사라를 통해서 얻은 자식은 하나뿐이다. 물론 사라가 아닌 다른 부인을 통해서 더 많은 자식을 얻었을 것이다. 그러나 우리의 초점은 사라를 통해서 낳은 자식이다. 왜냐하면 사라에게 열국의 어미가 될 것이라고 하셨기 때문이다(창 17:16). 그 사라가 이삭을 낳았다. 이삭의 자녀도 쌍둥이 형제 에서와 야곱 두 명에 불과했다. 그런데 야곱 대에 와서 무려 열두 명의 아들이 태어난다. 여기에 그가 낳은 딸들까지 계산한다면 자녀는 이보다 훨씬 더 많았을 것이다. 그래서 우리는 '야곱이 드디어 축복을 받는구나. 하나님의 약속이 야곱 대에 와서 성취되는구나!' 하고 생각할 수 있다.

하지만 놓치지 말아야 할 중요한 사실이 하나 있다. 그것은 결과만 가지고 이야기해서는 안 된다는 것이다. 어떤 의미에서는 결과보다 과정이 더 중요하다. 무조건 부자가 되고 출세하고 건강하게 장수하면 그것이 진정 하나님의 축복일까? 부를 축적하고 승진하는 과정에서 온갖 부도덕한 방법이 동원되었다면 그것을 하나님의 축복이라고 단정할 수 있을까? 대형 교회를 건축하는 과정에서 불의한 방법이 동원되었다면 그 건축물이 축복의 상징이라고 할 수 있을까? 그렇지 않다. 이런 측면에서 야곱의 가정, 특히 그가 열두 명의 아들을 두는 과정을 살펴보노라면 많은 것을 생각하게 한다. 인간의 욕심을 채우기 위해 할 수 있는 수단과 방법들이 무차별적으로 동원되었기 때문이다.

부끄러운 가정에서 '이스라엘'이 태어나다

야곱이 아내를 취하여 가정을 이루는 과정에 문제가 많았다. 비록 연애를 하던 사람이 있었더라도 결혼을 했으면 한 아내만을 사랑하는 남편이 되어야 한다. 이게 성경적 삶이다. 그런데 야곱은 어떠한가? 물론 라반이 야곱을 속였다. 그래서 자신이 원치 않은 여인과 첫날밤을 보냈다. 긴 밤을 지새우면서 '아내'가 바뀌었다는 사실을 몰랐을까. 무엇보다 그 과정이 어떻든 엄연히 아내는 아내다. 그런데도 야곱은 아내를 내팽개친 채 총각 시절 사랑했던 여인에게 여전히 마음을 둔다. 그리고 그녀와 또 결혼을 한다.

"라반이 이르되 언니보다 아우를 먼저 주는 것은 우리 지방에서 하지 아니하는 바이라 이를 위하여 칠 일을 채우라 우리가 그도 네게 주리니 네가 또 나를 칠 년 동안 섬길지니라 야곱이 그대로 하여 그 칠 일을 채우매 라반이 딸 라헬도 그에게 아내로 주고 라반이 또 그의 여종 빌하를 그의 딸 라헬에게 주어 시녀가 되게 하매 야곱이 또한 라헬에게로 들어갔고 그가 레아보다 라헬을 더 사랑하여 다시 칠 년 동안 라반을 섬겼더라"(창 29:26-30).

이 모든 과정을 지켜본 레아의 심정은 어떠했겠는가? 하나님은 이런 레아의 심정을 불쌍히 여기셨던 것 같다. 그래서 자녀를 통해 위로 받게 하셨다. 레아는 '순풍순풍' 자녀를 낳는다. 르우벤, 시므온, 레위, 유다가 그들이다. 그런데 이때부터 문제가 발생한다. 동생 라헬이 질투를 하기 시작한 것이다.

야곱을 윽박지르던 라헬이 이번에는 다른 방법을 동원한다. 자기의 몸종 빌하를 남편의 잠자리에 밀어 넣는다. 야곱은 못 이기는 체하면서 몸종과 잠자리를 같이 한다. 그리고 아이를 낳아 이름을 '단'이라고 짓는다. 그 이름은 '억울함이 풀렸다'이다(창 30:6). 몸종 빌하가 또 아이를 낳는다. 이번에는 '내가 형과 싸워 크게 이겼다'는 뜻의 '납달리'라고 이름 짓는다(창 30:8).

그 와중에 레아가 자신의 몸종 실바를 통해 아이를 낳도록 했다. 그렇게 태어난 아기에게 '복되도다'는 뜻의 '갓'이라 이름을 지었다(창 30:11). 실바가 또 아이를 낳자 '기쁘도다'는 뜻의 '아셀'이라 이름 불렀다(창 30:13).

그 이후 레아와 라헬은 이성을 상실한다. 한 마디로 제정신이 아니다. 자매가 서로 눈에 불을 켜고 싸운다. 급기야는 합환채를 놓고 서로 다툰다. 합환채란 불임 여성에게 아이를 낳게 하는 식물로 알려져 있다. 그런 과정에서 레아가 또 아이를 낳는다. 이름을 '잇사갈'이라고 하였다(창 30:18). 레아가 또 여섯 째 아들을 낳고선 이름을 '스불론'이라고 부른다(창 30:20).

이 본문을 펼쳐 놓고선 한참이나 눈을 감았다. 그리고 당시의 상황을 떠올려 보았다. 남편 하나를 놓고 네 여인이 서로 불꽃 튀는 '아이 낳기 경쟁'을 하고 있다. 배다른 형제가 한 집안에 득실거린다. 야곱의 집안은 자랑할 것이 하나도 없다. 그런데 성경은 이 스토리를 왜 이렇게 길게, 그리고 적나라하게 소개할까? 왜일까? 도대체 이 말씀이 오늘 우리에게 주는 교훈이 무엇일까?

　사람은 누구든지 가족 혹은 혈족을 소개할 때 자랑스러운 부분만을 부각시킨다. 한 부모 슬하에서 태어난 형제, 떳떳하다. 하지만 부모가 재혼 혹은 여러 번 결혼을 하여 배다른 형제가 있는 경우, 한 집에 살고 있지만 아버지 혹은 어머니가 다른 경우는 의식을 하지 않을 수 없다.

　야곱 집안이 바로 이런 경우다. 아버지는 같지만 어머니가 다르다. 어떤 아들은 첫째 아내, 어떤 아들은 둘째 아내, 어떤 아들은 이 몸종, 저 몸종에게서 태어났다. 이런 아이들이 한 집안에서 열두 명이나 득실거리고 있다. 화약고와 같지 않은가? 실제로 그 집안에서 큰아들이 서모인 실바를 강간하는 등 부끄럽고 창피한 일들이 많이 일어난다. 이런 야곱 집안의 구성원이라고 가정해 보라. 어디 가서 떳떳하게 가정사를 드러낼 수 있을까?

　그런데 왜 성경은 자랑할 것 하나 없는 야곱의 가족사를 이렇게 자세하게 공개하고 있는 것일까? 오늘 '나'의 존재, 즉, 현주소를 인식시켜 주려는 뜻이 담겨 있는 것은 아닐까. 우리는 원래 하나님의 자녀였다. 하지만 죄로 말미암아 부끄러운 존재, 본질상 진노의 자녀가 되어 버렸다(엡 2:3). 부끄럽기 그지없는 존재들이다.

　그런 우리가 골고다 십자가로 구원받아 다시 하나님의 자녀가 되었다. 우리가 똑똑하고 잘나서였겠는가. 사도 바울은 고린도전서 1장 26절에서 "형제들아 너희를 부르심을 보라 육체를 따라 지혜로운 자가 많지 아니하며 능한 자가 많지 아니하며 문벌 좋은 자가 많지 아니하도다"라고 말한다. 이사야 1장 6절 말씀에는 "발바닥에서 머리까지 성한 곳이 없이 상한 것과 터진 것과 새로 맞은 흔적뿐"인 우리라고 하신다. 드러낼 것이 하나 없는 우리를, 야곱의 열두 아들과 같은 허물 투성이인 우리를 하나님은 어떻게 대우하셨던가?

나는 하나님의 자랑스러운 보석이다

출애굽기 28장에는 하나님 앞에 나아가는 대제사장이 어떤 옷을 입어야 하는지에 대해 말씀하신다. 여기서 우리의 관심은 그 옷에 붙이는 장식들이다.

> "호마노 두 개를 가져다가 그 위에 이스라엘 아들들의 이름을 새기되 그들의 나이대로 여섯 이름을 한 보석에, 나머지 여섯 이름은 다른 보석에 새기라 보석을 새기는 자가 도장에 새김 같이 너는 이스라엘 아들들의 이름을 그 두 보석에 새겨 금 테에 물리고 그 두 보석을 에봇의 두 어깨받이에 붙여 이스라엘 아들들의 기념 보석을 삼되 아론이 여호와 앞에서 그들의 이름을 그 두 어깨에 메워서 기념이 되게 할지며 너는 금으로 테를 만들고 순금으로 노끈처럼 두 사슬을 땋고 그 땋은 사슬을 그 테에 달지니라 너는 판결 흉패를 에봇 짜는 방법으로 금 실과 청색 자색 홍색 실과 가늘게 꼰 베 실로 정교하게 짜서 만들되 길이와 너비가 한 뼘씩 두 겹으로 네모 반듯하게 하고 그것에 네 줄로 보석을 물리되 첫 줄은 홍보석 황옥 녹주옥이요 둘째 줄은 석류석 남보석 홍마노요 셋째 줄은 호박 백마노 자수정이요 넷째 줄은 녹보석 호마노 벽옥으로 다

금 테에 물릴지니 이 보석들은 이스라엘 아들들의 이름대로 열둘이라 보석마다 열두 지파의 한 이름씩 도장을 새기는 법으로 새기고"(출 28:9-21).

본문에는 당시 알려진 가장 찬란하고 값진 보석들이 전부 열거되고 있다. 에메랄드, 사파이어, 다이아몬드, 리큐, 아가테, 마메티드, 야스퍼 등, 이 보석들을 대제사장의 에봇 위에 붙였다는 것은 무엇을 의미할까? 열두 지파를 보석처럼 귀하게 여기셨다는 뜻이다. 제사장으로 하여금 그 가슴에 열두 지파를 품게 하시고 이를 두 어깨 위에 두어 영광스럽고 자랑스럽게 여기셨다는 뜻이다.

예수님은 우리의 영원한 대제사장이시다(히 5:5). 그런데 바로 그분의 가슴에 우리의 이름이 찬란한 보석처럼 빛나고 있다. 그분의 어깨에 우리의 이름이 마치 계급장과 같이 자랑스럽게 달려 빛을 발하고 있다.

"이 보석들은 이스라엘의 아들들의 이름 곧 그들의 이름대로 열둘이라 도장을 새김 같이 그 열두 지파의 각 이름을 새겼으며"(출 39:14).

이 얼마나 경이로운 일인가! 하나님은 우리를 자랑스럽게 생각하신다. 결코 부끄러워하지 않으신다. 많은 이름 위에 더 높여 주신다. 그뿐만 아니다. 하나님은 자신을 소개하실 때 언제나 "나는 아브라함의 하나님, 이삭의 하나님, 야곱의 하나님이라"고 말씀하신다(출 3:6, 15). 무슨 말인가? "나는 저 아이의 아버지다"라고 자랑스럽게 말씀하고 계시는 것이다. 인간적으로 볼 때 무엇 하나 내세울 것 없는 나를, 집안도 부모도 그저 그렇고, 무엇보다 지금까지 지나온 세월이 상처와 부끄러움밖에 없는 나를 하나님은 '내 아들아, 내 딸아. 너는 내 것이라'고 부르신다(사 43:1). 어떤 조건이나 자격을 보지 않고 그저 부르셔서 보석으로 여겨 주신다. 나 같은 죄인을 부끄러워하지 않으시고 오히려 앞뒤 가슴에도, 등 뒤에도 붙이며, 어깨에도 붙이고 다니시면서 자랑스럽게 광고까지 하신다.

그렇다. 우리는 보석들이다. 하나님은 나를 보석같이 사랑하시고 귀하게 여기시며 아끼신다. 독생자를 십자가에서 맞바꾸실 정도로 중요한 보석으로 생각하신다.

하나님을 자랑하라

하나님은 이같이 나를 자랑스럽게 생각하신다. 그런데 나는 그분을 어떻게 생각하고 있는가? 진정 자랑스럽게 생각하고 있는가? 이를 어떻게 확인할 수 있을까?

사실 여기 등장하는 네 명의 여인들을 통해서 우리가 배울 것은 별로 없다. 그러나 한 가지 배울 것이 있다면 그것은 바로 저들이 아이 낳지 못하는 것을 부끄러워하였다는 것이다. 라헬은 자신이 아이를 낳지 못하니 몸종을 통해서라도 낳으려했다. '여성의 생리'가 끊어지니 몸종들을 통해서도 낳으려 했다. 더 나아가 아이를 낳되 한 명으로 만족하지 않았다. 낳고도 언제나 부족함을 느꼈다. 이같이 더 많은 아이를 낳으려고 있는 힘을 다했다. 결국 그들은 많은 아이를 낳았고 드디어 열두 지파의 어미가 되었다. 본문은 바로 이 점을 우리에게 부각시키고 있다. 아니 이것이 야곱 스토리의 핵심이다.

예수님을 믿는 자들은 아이를 낳아야 한다. 불임 여성이 되어서는 안 된다. 예외가 있을 수 없다. 할 수 있는 수단과 방법을 동원하여 아이를 낳아야 한다. 우리의 신랑이 누구신가? 예수 그리스도시다. 그분의 아이를 낳아야 한다. 경쟁적으로 아이를 낳아야 한다. 이 네 여인처럼 아이를 낳으려는 열정이 있어야 한다. 그러면 아이를 낳는 것은 무엇을 의미하는가?

"그리스도 안에서 일만 스승이 있으되 아버지는 많지 아니하니 그리스도 예수 안에서 내가 복음으로써 너희를 낳았음이라"(고전 4:15).

사도 바울은 고린도 교회 성도들을 자기가 낳은 '자식들'이라고 부른다. 복음을 전하여 예수 그리스도를 믿게 한 자들을 '나의 자식들'이라고 지칭하는 것이다. 여기에서 우리는 자식이 어떤 것인지를 알 수 있다. 내가 복음을 전하여 구원받아 하나님의 자녀가 되게 한 자들이 바로 내가 낳은 자식이다. 바울은 이 자식들을 낳기 위해 생명을 걸었다. 그 어떤 고난과 핍박도 마다하지 않았다.

"오직 성령이 각 성에서 내게 증언하여 결박과 환난이 나를 기다린다 하시나 내가 달려갈 길과 주 예수께 받은 사명 곧 하나님의 은혜의 복음을 증언하는 일을 마치려 함에는 나의 생명조차 조금도 귀한 것으로 여기지 아니하노라"(행 20:23-24).

그 바울이 디모데에게 권면한다.

"너는 말씀을 전파하라 때를 얻든지 못 얻든지 항상 힘쓰라 범사에 오래 참음과 가르침으로 경책하며 경계하며 권하라"(딤후 4:2).

주님은 우리를 향하여 이렇게 말씀하신다.

"누구든지 이 음란하고 죄 많은 세대에서 나와 내 말을 부끄러워하면 인자도 아버지의 영광으로 거룩한 천사들과 함께 올 때에 그 사람을 부끄러워하리라"(막 8:38).

설교가 존 하퍼 John Harper 도 그날(1912. 4. 15.) 타이타닉 호에 타고 있었다. 그 역시 캄캄한 그 밤 배가 빙산에 충돌했을 때 바다에 빠지고 말았다. 구명대 없이 헤엄치던 하퍼는 다른 쪽에서 널빤지 조각을 붙잡고 안간힘을 쓰고 있는 한 젊은이를 발견했다. 그는 큰 소리로 외쳤다.

"젊은이, 하나님께 구원을 받았습니까?"

그러자 젊은이는 아니라고 대답했다. 이때 파도가 치는 바람에 하퍼는 힘에 겨워 물속으로 가라앉았다가 다시 떠올랐다. 몇 분 후 다시

두 사람의 거리가 좁혀졌을 때 하퍼는 다시 그 청년을 향해 절규하듯 소리 질렀다.

"하나님과 화해했습니까?"

"아니오, 아직 안 했습니다."

바로 이때 큰 파도가 와서 하퍼를 삼켰고, 젊은이는 구조대에 의해 극적으로 목숨을 건졌다. 그로부터 2주일 후 한 젊은이가 뉴욕에서 열린 한 집회에 참석해 간증을 시작했다. 바로 그 젊은이였다.

"여러분, 저는 존 하퍼에 의해 마지막으로 전도받은 사람입니다. 그가 죽어 가면서 마지막으로 외치던 그 말이 저를 구원의 길로 인도했습니다."

성경에는 불임 여성이 여럿 등장한다. 사라, 리브가, 한나, 엘리사벳이 대표적이다. 그런데 이들이 결국은 아이를 낳게 된다. 무엇을 시사하는가? 영적 불임자는 하늘족보에서 영원히 사라진다는 것이다. 지금 나는 몇 명이나 영적 아이를 낳았는가? 아이를 낳으려는 열정이 어느 정도 있는가? 레아, 라헬과 같은 열정이 있어야 한다. '자랑스러워한다'는 말의 반대는 '부끄러워한다'일 것이다. 주님께서 나 같은 죄인을 가슴, 등, 어깨에 보석처럼 달고 다니시면서 자랑하시는데 내가 예수님을 부끄러워한다면 우리는 영원히 불쌍한 자가 될 것이다.

"내가 복음을 부끄러워하지 아니하노니 이 복음은 모든 믿는 자에게 구원을 주시는 하나님의 능력이 됨이라 먼저는 유대인에게요 그리고 헬라인에게로다"(롬 1:16).

Chapter 10

삶 속에 숨겨진
축복의 유전자

창 30:37~43

하나님의 축복, 그리고 은혜의 특징은 여러 가지다. 그분은 값없이, 차별 없이(롬 3:24), 지극히 풍성함(엡 2:7)과 넘치는 평강을 덤으로 주신다(시 29:11). 그렇다면 이 하나님의 은혜와 축복이 어떻게, 어떤 통로로 임할까? 성경은 '홀연히' 임한다고 말한다. 성령이 그러하셨다(행 2:2). 독생자도 그러하셨다(눅 2:11). 하나님이 우리에게 주시는 축복과 은혜도 '홀연히'다. 이 사실을 아브라함, 이삭, 야곱에게서 발견한다.

"내가 오기 전에는 외삼촌의 소유가 적더니 번성하여 떼를 이루었으니 내 발이 이르는 곳마다 여호와께서 외삼촌에게 복을 주셨나이다 그러나 나는 언제나 내 집을 세우리이까"(창 30:30).

야곱은 하란에서 20년 동안 양을 쳤으나 여전히 가난했다. 그런데 그런 그가 드디어 거부가 된다.

"이에 그 사람이 매우 번창하여 양 떼와 노비와 낙타와 나귀가 많았더라"(창 30:43).

이 두 문장의 시간 차이가 어느 정도 되었을까? 그렇게 긴 기간은 아니다. 여태까지 가난하고 궁핍하게 살아가던 그에게 어느 날 하나님의 축복이 그야말로 '홀연히' 임했다. 이와 같이 하나님이 은혜를 부어 주시려고 하면 순식간이다. 문제는 어떻게 하면 이런 주인공이 될 수 있느냐는 것이다.

야곱, 부당한 대우 앞에서 여유로웠다

야곱이 하란에서 생활한 지 꽤 세월이 흘렀다. 이렇게 시간이 흐르고 나이가 점점 들어 가자 그의 마음이 초조해지기 시작했다. 그래서 그는 '내가 인생을 여기서 이렇게 끝낼 수는 없다'고 결심한 후 외삼촌 라반에게 찾아간다. 그리고 이렇게 말한다.

"라헬이 요셉을 낳았을 때에 야곱이 라반에게 이르되 나를 보내어 내 고향 나의 땅으로 가게 하시되 내가 외삼촌에게서 일하고 얻은 처자를 내게 주시어 나로 가게 하소서 내가 외삼촌에게 한 일은 외삼촌이 아시나이다"(창

30:25-26).

그가 이렇게 말한 것은 그 무엇보다도 라반과 먼저 약속한 기한이 찼기 때문일 것이다. 하지만 이것은 단지 표면에 드러난 이유일 뿐이다. 라반의 집을 떠나려고 하는 데는 더 큰 이유가 있었다. 그다음을 읽어 보면 야곱의 본심이 드러난다.

"야곱이 그에게 이르되 내가 어떻게 외삼촌을 섬겼는지, 어떻게 외삼촌의 가축을 쳤는지 외삼촌이 아시나이다 내가 오기 전에는 외삼촌의 소유가 적더니 번성하여 떼를 이루었으니 내 발이 이르는 곳마다 여호와께서 외삼촌에게 복을 주셨나이다 그러나 나는 언제나 내 집을 세우리이까"(창 30:29-30).

이것이 야곱의 본심이다. 무슨 말인가? 야곱이 라반의 집에 처음 왔을 때 외삼촌 라반의 재산은 그저 그랬다. 그런데 야곱이 라반의 집에 온 이후부터 하나님께서 라반의 집에 크게 복을 주셨다. 이는 마치 요셉 때문에 보디발의 집이 복을 받은 것이나 마찬가지다.

"그가 요셉에게 자기의 집과 그의 모든 소유물을 주관하게 한 때부터 여호와께서 요셉을 위하여 그 애굽 사람의 집에 복을 내리시므로 여호와의 복이 그의 집과 밭에 있는 모든 소유에 미친지라"(창 39:5).

그래서 라반은 부자가 되었다. 야곱의 표현을 빌리자면 자신의 발이 이르는 곳마다 하나님께서 복을 주셨다고 말한다. 그때 야곱은 혼자서 중얼거린다. '외삼촌은 저렇게 복을 받아 번성하는데 나는 언제 내 집을 세울까? 나도 빨리 독립하여 번듯하게 살고 싶은데 시간은 흐르고 나이는 점점 먹어 가니 남 좋은 일만 하다가 인생을 끝낼 수는 없지 않은가?'

그는 지난 세월 동안 라반의 집에서 열심히 일을 했다. 그가 할 수 있는 모든 노력을 다 기울여서 그 집을 일으키는 데 일조했다. 물론 그가 그 집에서 무보수로 일한 이유는 라헬을 아내로 얻기 위해서였지만 말이다. 그러나 나이는 점점 들어 가고, 자식들은 한두 명이 아닌데 모아 놓은 재산은 없고, 여기에 남들이 잘되는 것을 보니 허탈감, 초조함과 함께 자신의 불투명한 장래에 대해서 곰곰이 생각하지 않을 수 없었던 것이다. 그래서 털고 일어날 결심을 한다. 사실 야곱의 이런 생각은 잘못된 것이 아니다. 그런데 바로 그때 야곱의 심중을 알아챈 라반이 그의 소매를 붙잡는다.

"라반이 그에게 이르되 여호와께서 너로 말미암아 내게 복 주신 줄을 내가 깨달았노니 네가 나를 사랑스럽게 여기거든 그대로 있으라 또 이르되 네 품삯을 정하라 내가 그것을 주리라"(창 30:27-28).

이 말을 들은 야곱은 한 가지 제안을 한다.

"라반이 이르되 내가 무엇으로 네게 주랴 야곱이 이르되 외삼촌께서 내게 아무것도 주시지 않아도 나를 위하여 이 일을 행하시면 내가 다시 외삼촌의 양 떼를 먹이고 지키리이다 오늘 내가 외삼촌의 양 떼에 두루 다니며 그 양 중에 아롱진 것과 점 있는 것과 검은 것을 가려내며 또 염소 중에 점 있는 것과 아롱진 것을 가려내리니 이 같은 것이 내 품삯이 되리이다"(창 30:31-32).

야곱은 품삯을 따로 받지 않는 대신 양이나 염소가 새끼를 낳을 때 알록달록 점이 있는 새끼가 나오면 그것들은 자신의 소유로 달라고 요청한다. 어쩌면 이것은 참 바보스런 제안이다. 왜냐하면 양들은 흰색이 우성이기 때문에 흰색이 훨씬 더 많이 태어난다. 라반은 이것을 경험적으로 알았을 것이다. 자기에게 유리한 흥정이라고 생각한 라반은 흔쾌히 야곱의 제안에 승낙하였고 그와 약조를 한다(창 30:34). 그런데 문제는 그다음에 일어난다. 야곱과의 약조를 마친 라반이 대단히 바쁘게 움직인다.

"그날에 그가 숫염소 중 얼룩무늬 있는 것과 점 있는 것을 가리고 암염소 중 흰 바탕에 아롱진 것과 점 있는 것을 가리고 양 중의 검은 것들을 가려 자기 아들들의 손에 맡기고 자기와 야곱의 사이를 사흘 길이 뜨게 하였고 야곱은 라반의 남은 양 떼를 치니라"(창 30:35-36).

여기에서 '그날'은 품삯에 대해서 약조를 한 날이다. 그날에 라반은 자신의 소유 중 알록달록하게 점이 있는 양과 염소를 샅샅이 가려내어 자기 아들들에게 맡긴다. 그것도 모자라 사흘 길 밖에서 그 양들을 치게 한다. 짐승들끼리 접촉하여 교배를 할 수 없도록 하려는 장치다.

그렇다면 야곱의 수중에는 어떤 짐승들만 있는가? 흰색 즉 단색의 짐승들만 있다. 알록달록한 새끼만이 내 품삯이 된다. 하지만 자신의 수중에 있는 짐승은 모두 흰색뿐이다. 알록달록한 새끼를 기대할 수 없는 구조다. 외삼촌이란 자가 지독하기 그지없는 구두쇠 본성을 여지없이 드러내고 있다. 알록달록한 어미는 한 마리도 없는데 어떻게 알록달록한 새끼가 태어날 수 있단 말인가?

만약 이런 상황에 처했다면 어떠했겠는가? "이 나쁜 외삼촌 놈아, 너도 인간이냐! 이 흰 짐승들이 어떻게 알록달록한 새끼를 낳는단 말이냐? 어쩌다가 알록달록한 것이 태어나면 그것을 품삯으로 하겠다는데 그마저도 원천적으로 봉쇄하다니! 집어치워. 당장 돌아가겠소." 아마 대부분의 사람들은 이런 반응이었을 것이다. 더군다나 야곱이 누군가? 언제나 치밀한 계산을 하며 여기까지 달려온 사람이 아닌가? 그 누구에게도 지기 싫어하고 손해 보지 않는 사람이 아닌가? 그런데 그가 예상을 뛰어넘는 선택을 한다.

"야곱은 라반의 남은 양 떼를 치니라"(창 30:36).

야곱은 마치 아무것도 아닌 것처럼, 아니 모르는 것처럼, 어리석은 바보처럼 라반의 뜻을 그대로 따른다. 그의 극히 이기적이며 몰염치한 처사에 대해 항의하거나 삿대질을 하지 않는다. 순순히 외삼촌의 뜻을 받아들인다. 라반의 아들들과의 사흘 길의 거리까지 둔다. 그러고는 마치 아무 일도 없었다는 듯이 자기에게 맡겨진 단색의 양 떼들을 치기 시작한다.

혼자 있을 때도 야곱은 최선을 다했다

이 본문을 앞에 놓고 먼저 풀어야 할 숙제가 있다. 어떻게 똑똑하기 그지없고, 치밀한 두뇌에 계산적인 야곱이 이런 바보 같은 행동을 할 수 있었을까 하는 점이다. 결론적으로 야곱이 그렇게 행동할 수 있었던 힘은 '믿음'에 있었다. 어떤 믿음이었을까?

그것은 하나님께서 단색의 짐승들 속에 '축복의 유전자'를 숨겨 놓으셨다는 믿음이었다. 자신이 쳐야 하는 양 떼, 겉으로 볼 때 그 어느 한 마리도 점박이나 아롱이가 아니다. 하지만 야곱에게는 그 속에 축복의 유전인자가 숨겨져 있다는 믿음의 확신이 있었다. 인간의 눈에 보이지는 않지만 축복의 유전자가 숨어 있어 그것이 장차 눈앞에 현실로 나타날 것이라는 사실을 믿어 의심치 않았다. 바로 이러한 이유 때문에 그는 두말하지 않고 라반의 남은 양 떼를 칠 수 있었던 것이다.

1865년 멘델Mendel은 완두콩을 이용하여 7년간 연구한 끝에 유전과 관련하여 세 가지 법칙을 소개한 바 있다. 이름하여 '우열의 법칙, 분리의 법칙, 독립의 법칙'이다. 생물의 서로 다른 형질은 유전인자에 의해서 결정되는데 특히 교접에 의해서 생긴 잡종의 제1대에서는 우성 형질만이 나타나고 열성 형질은 잠재한다는 것이다. 그러나 2대에 와서는 우성 형질과 열성 형질이 완전 분리되어 3:1, 혹은 1:2:1로 나타난다고 하는 학설이다. 양의 경우에 털이 흰 것은 우성이고 알록달록한 것은 열성이다.

그런데 보라. 야곱은 주전 1800년대에 살았던 사람이다. 그런 그가 이 '멘델의 유전법칙'을 알고 있었을까? 멘델의 법칙은 그로부터 3600년이 지난 뒤에야 발견되었다. 그런데 어떻게 야곱이 단색의 짐승들만을 이끌고 도박과 같은 행동을 하고 있는 것일까? 바로 그 속에 감추어져 있는 열성인자, 즉 알록달록한 것을 보고 있었다는 말이다. 나는 이것을 이름하여 '야곱의 유전법칙'이라고 부르고 싶다. 아니 '야곱의 믿음'이라고 부르는 것이 더 정확할 것이다.

그러면 야곱은 대체 이 사실을 어떻게 알았을까? 그는 지난 세월 동안 라반의 양을 쳐 왔다. 단지 사랑하는 여인을 아내로 맞이하기 위한 무보수였다. 하지만 눈가림식으로 대충 양을 치지 않았다. 세월만 보내고, 시간만 때우는 식이 아니었다. 양 한 마리 한 마리에 대해 최대한의 관심과 정성을 기울였다. "네 양 떼의 형편을 부지런히 살피며 네 소 떼에게 마음을 두라"(잠 27:23)는 말씀 그대로 실천했다.

이 사실을 어떻게 알 수 있는가? 개역한글판 성경에서는 야곱이 말한 "내 발이 이르는 곳마다"(창 30:30)라는 구절을 "나의 공력을 따라"라고 표현하고 있다. 여기에 중요한 단어는 '나의 공력'이다. 그는 그야말로 최선과 정성을 다해 양을 쳤다. 관심과 정성을 쏟았다. 바로 그 때 그는 양들이 교미하여 부모의 털 색깔과 다른 양들이 태어날 수 있다는 기이한 사실을 발견하게 되었다. 양도 내 양이 아니다. 사랑하는 여인을 위하여 14년이라는 기간만 채우면 된다. 그럼에도 마치 자기의 양인 듯 최선을 다해 양을 치는 과정에 이 놀라운 사실을 자연스럽게 발견한 것이다.

홀로 있을 때가 중요하다. 혼자 있을 때, 아무도 보고 있지 않을 때, 그때 나는 어떤 자세를 취하는가? 아무도 나를 모르는 곳에서 어떤 행동을 취하는가? 그때 지갑은 어떻게 열며, 일을 어떻게 감당하고, 시간은 어떻게 사용하는가? 이것이 그 사람의 인생을 결정짓는다.

어떤 사람들은 다른 사람 앞에서는 그럴듯하게 행동한다. 열심인 것처럼 부지런하게 행동하고 진실하게, 거룩하게 보이려고 애쓴다. 그렇게 보이는 것은 그리 어렵지 않다. 중요한 것은 혼자 있을 때다. 아무도 보고 있지 않을 때 나는 어떤 사람인가? 어떤 모습인가?

내 삶에 숨겨 두신 축복의 유전자를 찾으라

야곱에게 '축복의 유전자'가 숨겨져 있었다면 오늘 우리 삶의 현장에도 '축복'이 분명 숨겨져 있을 것이다. 내 눈에 당장 보이지 않지만, 내 삶의 현장에 '축복의 유전자'를 준비해 놓으셨다.

> "천국은 마치 밭에 감추인 보화와 같으니 사람이 이를 발견한 후 숨겨 두고 기뻐하며 돌아가서 자기의 소유를 다 팔아 그 밭을 사느니라"(마 13:44).

이 밭의 주인은 누구인가? 두말할 필요도 없이 하나님이시다. 그러면 여기서 밭을 가는 일꾼은 누구인가? 바로 우리를 가리키고 있다.

밭은 무엇을 가리킬까? 삶의 현장이다. 내 삶의 현장에 보화가 숨겨져 있다. 예외 없이 숨겨져 있다. 그런데 어떤 사람은 보화를 발견하고 어떤 사람은 발견하지 못한다. 밭을 깊숙하게, 넓게, 옥토를 만들기 위해 힘을 다하여 쟁기를 내리는 사람이 보화의 주인공이 될 수 있다.

지금 어떤 삶의 현장에서 일하고 있는가? 질병, 가난 속인가? 그 속에도 축복의 씨앗을 숨겨놓고 계신다. 실직, 고독 속에 처해 있는가? 배신을 당했는가? 오해를 받고 있는가? 이해할 수 없는 고난 속에 던져졌는가? 그 어떤 환경 처지에서도 '축복의 유전자'는 숨어 있음을 잊지 말아야 한다.

시편 138편 말씀의 마지막 부분을 가슴에 새기길 바란다.

"여호와께서 나를 위하여 보상해 주시리이다 여호와여 주의 인자하심이 영원하오니 주의 손으로 지으신 것을 버리지 마옵소서"(시 138:8).

하나님께서는 나를 위하여 보상해 주신다. 결국 선을 이루신다. 유익이 되게 하신다. 흰색이든 알록달록한 색이든 전혀 문제가 되지 않는다. 하나님은 언제나 내가 지금 가지고 있는 것을 통해 역사하시고 축복하신다. 오늘 내 손에 쥔 것을 통해, 내가 밟은 땅에 하나님의 은혜가 나타날 수 있음을 기대해야 한다. 오병이어를 통해 역사하시던 주님, 진흙으로 소경의 눈을 밝혀 주시던 주님이 바로 우리가 믿는 주님이지 않은가? 야곱, 그는 부당한 대우를 받고 또 받았다. 하지만 이런 행적 속에 축복의 씨앗들이 있었다. 그 과정들을 잘 통과했을 때 예비해 놓으신 놀라운 보화를 발견하는 자 되었다.

아내를 바라보면서 '내가 하필 저런 여자와 결혼하는 바람에 내 일생 망쳤다'라고 생각하는 가? 남편을 향하여 '저렇게 능력 없는 남자를 만나서 일생 동안 고생만 하는구나!' 하며 땅을 치고 있는가? 아니다. 그 사람이 바로 축복의 통로다. 그 안에 축복의 유전자가 숨겨져 있다. 이 믿음으로 다시 한 번 상대를 응시하기 바란다.

야곱은 본의 아니게 정들었던 고향, 부모 곁을 떠나야만 했다. 얼마나 불안하고, 초조했겠는가? 먼 곳 하란 땅은 얼마나 생소했겠는가? 하지만 라반의 집은 하나님께서 야곱을 축복하시기 위한 축복의 못자리였다. 애굽 땅이 이스라엘 백성들에게 못자리 역할을 했듯이 말이다. 그러므로 이 시간 우리의 영적 눈이 열리기를 기도해야 한다. 지금 이 자리에 '축복의 씨앗'이 뿌려져 있음을 발견할 수 있도록 말이다. 하나님은 선하신 분, 모든 것을 합력하여 선을 이루어 가시는 분이다. 이 믿음으로 최선을 다하여 땀을 흘리고 정성을 쏟을 때 분명히 축복의 열매를 거두어 영적, 육적으로 큰 거부가 되는 은혜를 맛보게 될 줄 확신한다.

"내가 진실로 진실로 너희에게 이르노니 한 알의 밀이 땅에 떨어져 죽지 아니하면 한 알 그대로 있고 죽으면 많은 열매를 맺느니라"(요 12:24).

Chapter 11

믿음으로 그리면
하나님이 이루신다

창 30:37~43

야곱이 양을 치는 모습에는 조금 이상한 점이 있다. 양을 치는데 나뭇가지를 꺾어다가 묘한 행동을 한다. 그것은 양치는 목자들이 통상적으로 하는 행동이 아니다. 만일 당시 야곱의 옆에 다른 목자들이 있었다면 야곱이 하는 행동을 이상한 눈초리로 쳐다보았을 것이다.

예수 믿는 사람은 조금은 이상해야 한다. 예수 믿는 사람들이 세상 사람들과 똑같이 보이려고 안달할 필요는 없다. 그렇잖은가. 세상 사람들이 볼 때 예수 믿는 우리의 행동과 결정과 삶의 태도는 이상할 수밖에 없다. 우리 안에 주님이 계시며, 성령의 인도함을 받기 때문이다. 당연히 이상해야 한다. 그런데 많은 크리스쳔들이 신앙생활을 하면서도 은근히 세상 사람들이 자기를 이상하게 보지 않기를 바라며 행동하는 경우가 있다. 이것은 크게 잘못된 것이다. 주위 사람들이 예수 믿는 우리를 보며 "이상해, 어떻게 새벽같이 일어나서 교회에 갈 수 있지? 어떻게 일요일에 골프 치러 안 가고 교회에 갈 수 있지? 월급도 몇 푼 되지 않으면서 어떻게 거기서 '십일조'를 떼지? 어떻게 저런 상황에서 노래하며, 감사할 수 있지? 정말 이상해!" 이렇게 세상 사람들이 이상하게 바라봐야 한다.

야곱의 행동에서 깨우쳐야 할 영적 진리는 무엇인가? 야곱의 행동이 이상한가? 아니다. 그의 행동은 특별하다. 그의 삶은 유별나다. 그 그는 특이한 행동으로 축복의 광맥을 캐내고 있다.

야곱의 특별한 행동에는 이유가 있다

외삼촌 라반은 깍쟁이였다. 야곱에게 주는 월급조차도 '뻥땅'하려 했다. 야곱에게는 흰색의 짐승만 먹이도록 하고서는 '아롱진 것'이 태어나면 '너 가져라'고 한다. 그러면서 아롱진 짐승들은 '사흘 길' 밖으로 데리고 갔다. 이 상황에서 어떻게 품삯인 아롱진 것이 태어날 수 있단 말인가? 하지만 야곱은 한 마디도 대꾸하지 않고 자기에게 주어진 짐승(흰색)을 치는 일에 최선을 다한다. 그러면서 그는 이런 이상한 행동을 한다.

> "야곱이 버드나무와 살구나무와 신풍나무의 푸른 가지를 가져다가 그것들의 껍질을 벗겨 흰 무늬를 내고 그 껍질 벗긴 가지를 양 떼가 와서 먹는 개천의 물구유에 세워 양 떼를 향하게 하매"(창 30:37-38).

야곱이 지금 뭘 하는가? 이 이상한 행동을 어떻게 이해해야 할까? 이 액션을 통해 주시려는 교훈은 무엇일까?

사실 이 구절은 참 애매하고 어려운 말씀이다. 이 구절을 이해하기 위해서 접할 수 있는 책들은 다 살펴보았으나 속 시원한 주해를 발견하지 못했다. 거의 대부분이 이 본문을 적당하게, 그러면서 간단히 언급하고 지나갈 뿐이었다. 그중에서 신학자들은 세 가지 정도의 견해들로 이 부분을 정리한다.

첫 번째는 야곱의 행동을 평가절하하며 비방하는 해석이다. 이 본문을 놓고 어떤 학자는 야곱의 이상한 행동을 외삼촌에게까지 등쳐 먹으려고 하는 아주 비열한 짓으로 보았다.

두 번째는 '양 떼가 얼룩무늬를 보면서 교미하면 얼룩진 새끼를 수태할 수 있다. 즉 수태 시의 인상이 새끼에 영향을 미친다고 야곱은 생각하였다. 그래서 알록달록한 나뭇가지들을 이용하였다'고 보는 해석이다. 유명한 주석가 카일Keil도 이 견해에 동의하면서 말하기를 '이 방법은 양을 놀라게 하여 교미하는 동안 발작하는 감정의 표현이 새끼의 형체에 흔적을 남게 하는 경험에 의한 방법이다'라고 하였다. 이것은 시각에 초점을 둔 해석이다.

세 번째는 버드나무, 살구나무, 신풍나무에는 유독성 물질이 있어서 이 나무들의 껍질을 벗겨 물가에 세워 놓았을 때 그 물을 마신 짐승들의 배란이나 발정을 촉진시켰을 수도 있을 것이라는 해석이다. 이것은 생리학적인 부분에 초점을 둔 해석이다.

이 중 어떤 해석이 설득력이 있는가? 첫 번째 해석은 지지를 받지 못한다. 왜냐하면 야곱이 받은 축복은 하나님께로부터 왔다고 성경이 증명하고 있기 때문이다(창 31:9, 32:10). 두 번째와 세 번째 해석은 꽤 일리가 있는 듯하나, 문제는 오늘날 이런 방법을 사용했을 때 동일한 결과가 나타날 수 있는가? 그래서 역시 설득력이 떨어진다. 과학적으로 검증되지 못했다는 뜻이다. 그러므로 세 가지 견해를 흔쾌히 받아들이기 어렵다.

본문에 나오는 버드나무, 살구나무, 신풍나무는 당시 오아시스가 있는 지방에서라면 쉽게 구할 수 있는 나무들이다. 그러므로 이 나무들에게 특별한 의미를 부여할 필요는 없을 것 같다. 그저 야곱은 우물가에서 쉽게 구할 수 있는 나뭇가지를 꺾었던 것이다.

그런데 그다음 행동이 중요하다. 그 나뭇가지들의 껍질을 벗겨서 흰 무늬를 내었다고 되어 있다. 그러면 나뭇가지가 어떤 모양이 될까? 알록달록한 모양의 가지가 되는 것이다. 즉, 야곱은 마음속의 소원을 나뭇가지에 그리고 있는 것이다. 야곱의 소원이 무엇인가? 양들이 새끼를 낳되 알록달록한 새끼를 낳는 것이 아닌가? 그래야 그 새끼들이 자신의 품삯이 된다. 그는 이 간절한 꿈을 나뭇가지에 그리면서 구체화시키고 있다. 그렇다. 바로 이것이다.

축복은 그리는 대로 나타난다

여호수아 18장을 보라. 이스라엘 백성이 요단 강을 건너서 하나님이 주시겠다고 약속하신 가나안 땅에 들어왔다. 가나안은 이미 모세를 통하여 약속하신 땅이다. 그런데 그 땅에 들어 온 이스라엘 백성이 어떤 행동을 하고 있는가?

"여호수아가 이스라엘 자손에게 이르되 너희가 너희 조상의 하나님 여호와께서 너희에게 주신 땅을 점령하러 가기를 어느 때까지 지체하겠느냐"(수 18:3).

백성들이 책망을 듣는다. 주시기로 한 땅인데 백성들은 들어가기를 주저하고 있었기 때문이다. 땅을 소유하려는 의지가 없었다. 이런 백성들에게 여호수아가 명령한다.

"너희는 각 지파에 세 사람씩 선정하라 내가 그들을 보내리니 그들은 일어나서 그 땅에 두루 다니며 그들의 기업에 따라 그 땅을 그려 가지고 내게로 돌아올 것이라"(수 18:4).
"그 땅을 일곱 부분으로 그려서 이 곳 내게로 가져오라 그러면 내가 여기서 너희를 위하여 우리 하나님 여호와 앞에서 제비를 뽑으리라"(수 18:6).
"그 사람들이 일어나 떠나니 여호수아가 그 땅을 그리러 가는 사람들에게 명령하여 이르되 가서 그 땅으로 두루 다니며 그것을 그려 가지고 내게로 돌아오라 내가 여기 실로의 여호와 앞에서 너희를 위하여 제비를 뽑으리라 하니"(수 18:8).
"그 사람들이 가서 그 땅으로 두루 다니며 성읍들을 따라서 일곱 부분으로 책에 그려서 실로 진영에 돌아와 여호수아에게 나아오니"(수 18:9).

여호수아는 '땅을 그리라'고 명한다. 대충 그리는 것이 아니라 구체적으로 어느 위치의 어느 정도 넓이의 땅인지 그리라고 말한다. 그들이 땅을 그려서 돌아왔을 때에 여호수아는 그들이 그린 그대로 땅을 배분해 주었다.

이 사건은 우리에게 시사하는 바가 크다. 하나님께서 나를 위하여 축복의 유전자를 숨겨 두셨다는 사실을 믿는 사람은 그것을 구체화시켜 드러내야 한다. 그리는 행위로 나타내야 한다. 따라서 축복은 넓게 그리는 사람에게는 넓게, 좁게 그리는 사람에게는 좁게, 이렇게 그리는 사람에게는 이렇게, 저렇게 그리는 사람에게는 저렇게 나타난다. 그 사람이 그리는 대로 주신다.

스티븐 코비Stephen. R. Covey의 『성공하는 사람들의 7가지 습관』이란 책이 있다. 그는 이 책에서 성공하기 위한 일곱 가지의 습관에 대해 이야기하고 있는데 그중에서도 특별히 마음에 와닿는 부분이 있다. 바로 '모든 것은 두 번에 걸쳐서 창조된다'라는 말이다. 첫 번째 창조는 마음속에서 이루어지며, 두 번째 창조는 눈에 보이게 실제적으로 그리는 것을 말한다. 마음속에 막연하게 있던 것을 두 번째 창조 때에는 구체적으로 드러내서 그릴 때 그것이 현실화된다는 말이다.

집 짓는 예를 들면 좋을 듯하다. 땅을 파기 전에, 건물을 세우기 전에 상세한 설계가 꼭 필요하다. 이 건물의 용도는 무엇이며 어느 정도의 규모로 세울 것인지 건축 계획을 수립하고 설계를 구체적으로 해야 한다. 만일 그 과정이 없다면 건물은 제대로 세워지지 않는다. 설령 세워진다 해도 공사하는 과정에서 여러 가지 비싼 값을 지불해야 할 것이다. 그래서 목수들에게는 하나의 규칙이 있다. 그것은 '한번 자르기 위해 두 번을 재라'는 것이다. 먼저 잘 그리는 것이 중요하다는 뜻이다.

소원을 그리다

1999년 6월 6일 주일을 잊지 못한다. 아마 내 평생 그날을 잊지 않을 것이다. 그날은 내가 충정교회에 담임목사로 부임한 지 꼭 10주년이 되는 주일이었다. 그 주일을 앞두고 혼자서 참 많은 갈등과 고민 속에 있었다. 부임한 지 10년이 되었건만 해 놓은 것도, 변한 것도 아무것도 없었다. 앞날을 바라보니 그 어떤 것도 보이지 않았다. 나이는 점점 들어 가는데, 머리는 희끗해지는데 교회는 그냥 그대로이고 어떤 변화가 일어날 조짐이나 가능성이 전혀 없는 상태였기에 '사임을 해야 하나?' '개척을 해야 하나?' 하는 생각들이 뇌리를 혼란스럽게 했다. 그런 갈등으로 상처 난 마음을 곤지암에 위치한 '소망수양관'을 찾아갔다.

그날 밤에 장대비가 무척이나 많이 내렸었는데 뒤쪽에 있는 가파른 산에 올라갔다. 비를 맞으며 하나님께 기도가 아닌 투정을 부렸다. '도대체 어떻게 해야 합니까? 이렇게 끝낼 수는 없지 않습니까?' 하면서 눈물 콧물을 흘리며 울고 또 울고 하던 중에 내 마음속에 성령의 음성이 들리는 것 같았다. 그것은 마태복음 13장 44절의 말씀이었다.

"천국은 마치 밭에 감추인 보화와 같으니 사람이 이를 발견한 후 숨겨 두고 기뻐하며 돌아가서 자기의 소유를 다 팔아 그 밭을 사느니라"(마 13:44).

"너, 여기에 등장하는 주인공이 밭 주인이니? 소작농이니?"

"너, 여기 이 밭에 보화가 언제부터 숨겨져 있었다고 생각하니?"

"너, 그런데 왜 지금까지 보화가 발견되지 않았니?"

"너, 그런데 어떻게 보화가 발견되었니?"

그러면서 성령께서 이런 음성을 들려주시는 듯 했다.

"내가 너를 위하여 (네 삶의 현장에) 보화를 숨겨 놓고 있다."

도무지 무슨 말씀인지, 무슨 뜻인지 알 길이 없었다. '내 삶의 현장이라면 이 충정교회가 아닌가? 여기 이곳에 나를 위하여 보화를 숨겨 놓고 계신다?' 믿을 수 없었다. 그래서 고개를 가로저으며 수양관의 숙소로 돌아왔다. 샤워를 하는 중 강한 감동이 왔다. '너의 소원을 그리기는 그려 보았는가?' 하는 감동이었다. 그 순간 정신이 번쩍 들었다. 사실 나는 지난 10년 동안 단 한 번도 그 무엇을 그려 보지 않았기 때문이다.

책상에 앉았다. 막연하게 생각했던 부분들을 구체화하기 시작했다. 그러다 보니 10개 항의 윤곽이 잡혔다. 그래서 그 10개 항을 가지고 내려와 부교역자들과 상의하면서 내용을 다듬었다. 그렇게 하여 빛을 보게 된 것이 바로 '충정 2020 비전'이다. 이 비전을 가지고 부임 10주년이 되는 1999년 6월 6일 주일 낮 예배 시 성도들을 대표한 두 사람을 앞으로 나오게 한 후 전 교인들을 일으켜 세워 '충정 2020 비전 선포식'을 가졌다.

제1항은 "우리는 매주일 5,000명의 성도들이 역동적인 예배를 드린다"이다. 그 조항을 선포하자 찬양대에서 '키득' 하고 웃는 소리가

들렸다. 그 사람은 아마도 너무나 터무니없는 계획이라고 생각했었나 보다. 제2항, 제3항으로 내려갈수록 내가 생각하기에도 점점 더 황당한 내용이었으니 그럴 만도 했다. 그러나 그로부터 꼭 100일 되었을 때 하나님께서는 놀라운 은혜를 베풀어 주셨고, 그 후 충정교회는 일산 신도시로 위치를 옮겼다. 나는 2020년이 될 때 하나님께서 충정교회에 허락해 주신 이 10개 항의 비전을 다 이루어 주실 것을 믿는다.

하나님께서 내 삶속에 축복의 유전자를 숨겨 놓으셨다는 것을 믿는다면 그것을 그려야 한다. 그리되 구체적으로 그려야 한다. 야곱이 다른 사람들의 눈에는 이상하고 어리석은 행동을 했지만 결국은 이루어졌다. 나뭇가지에 소원을 새겨본 적이 있는가? 내 소원을 구체화시킬 때에 거기에서 하나님의 역사가 분명이 나타난다. 키key는 하나님이 갖고 계신다.

결론은 하나님이 내리신다

야곱이 자기의 꿈을 그리고 난 뒤에 어떻게 했는지 보라.

"그 껍질 벗긴 가지를 양 떼가 와서 먹는 개천의 물 구유에 세워 양 떼를 향하게 하매 그 떼가 물을 먹으러 올 때에 새끼를 배니"(창 30:38).

여기서 우리가 유의 깊게 보아야 할 단어는 '세웠다'라는 것이다. 그

가 그의 꿈, 비전, 소원을 그린 후에는 그것을 가지고 와서 개천의 물구
유에 '세웠다'고 하였다. 이 단어는 히브리어로 '야차그'라고 하는데,
이 동사는 '영원히 놓다. 설립하다. 만들다. 작정하다'란 의미를 가지고
있다. 야곱은 자기가 그린 그림을 가지고 와서 개천에 세웠다. 이것은
어떤 의미를 가지고 있는가?

> "야곱이 아침에 일찍이 일어나 베개로 삼았던 돌을 가져다가 기둥으로 세우고
> 그 위에 기름을 붓고 그곳 이름을 벧엘이라 하였더라 이 성의 옛 이름은 루스
> 더라"(창 28:18-19).

야곱은 벧엘에서 처음 돌을 세웠다. 돌을 세우는 것은 여기서 멈추
지 않는다.

> "이에 야곱이 돌을 가져다가 기둥으로 세우고"(창 31:45).
> "또 미스바라 하였으니 이는 그의 말에 우리가 서로 떠나 있을 때에 여호와께
> 서 나와 너 사이를 살피시옵소서 함이라"(창 31:49).
> "야곱이 하나님이 자기와 말씀하시던 곳에 기둥 곧 돌 기둥을 세우고 그 위에
> 전제물을 붓고 또 그 위에 기름을 붓고 하나님이 자기와 말씀하시던 곳의 이
> 름을 벧엘이라 불렀더라"(창 35:14-15).

야곱은 무엇을 잘 세우는 사람이었다. 그런데 그가 무엇을 세우는
행위는 한결같이 하나님과 관련된 행동이라는 것이다. 무언가를 세울

때마다 하나님 앞에 자신의 신앙을 '세우는 것'으로 표현하고 있다.

양 떼가 와서 먹는 개천의 물구유에 껍질 벗긴 나뭇가지를 세우는 일도 이 연장선이다. 그가 자기 소원을 그린 후 그것을 가지고 와서 세웠다. 여기에는 하나님을 전적으로 신뢰하고 의지하며 하나님의 개입과 축복을 기대하는 야곱의 간절한 마음이 담겨 있다. '내가 이런 소원을 가지고 있습니다. 그러나 이 소원이 이루어지는 것은 전적으로 하나님의 개입, 간섭이 있을 때만 가능합니다. 은혜를 베풀어 주시옵소서' 하는 야곱의 믿음의 표현인 것이다.

그는 지난 20여 년의 힘든 하란 생활을 통해 놀라운 사실을 한 가지 체득하였다. 그것은 바로 하나님의 은혜다. 자신의 힘과 의지와 노력으로 장자가 되려고 했지만 되지 못했고, 부자가 되어 보려고 했지만 실패했다. 온갖 거짓과 술수를 동원해 보았지만 얻을 수 있는 것은 없었다. 그때부터 그는 모든 것은 하나님의 은혜임을 점점 깨닫기 시작했다. 이 진리를 깨달았을 때부터 그의 입에서는 '은혜'라는 말이 터져 나온다.

"야곱이 이르되 하나님이 주의 종에게 은혜로 주신 자식들이니이다"(창 33:5b).

"야곱이 이르되 내 주께 은혜를 입으려 함이니이다"(창 33:8b).

"야곱이 이르되 그렇지 아니하니이다 내가 형님의 눈앞에서 은혜를 입었사오면"(창 33:10a).

"하나님이 내게 은혜를 베푸셨고"(창 33:11a).

"나로 내 주께 은혜를 얻게 하소서"(창 33:15b).

그렇다. 하나님이 은혜를 베풀어 주실 때 가능하다. 모든 것은 은혜로 끝맺는다. 결론은 하나님이 내리신다. 키_{key}는 하나님이 갖고 계신다. 물론 인간의 힘으로 이룰 수 있는 부분이 있다. 그것을 부정하는 것은 결코 아니다. 그러나 최후의 결재자는 언제나 하나님이시다. 하나님이 삶 속에 개입하셔서 은혜를 베풀어 주실 때에야 비로소 계획하고 도모하는 모든 것들이 이루어지는 것이다.

은혜를 사모하라

이 은혜를 아는가? 항공 업계에는 '마의 11분을 조심하라'는 말이 있다. 비행 사고의 대부분이 이륙 후 3분과 착륙 전 8분에 일어나기 때문이다. 항공기가 이륙 시에는 최대의 힘을 내야 하기 때문에 이륙 후 3분 이내에는 설령 기체 결함이나 위험 상황을 발견하더라도 속수무책이다. 반대로 착륙 8분 전에도 비행 능력 이하로 출력을 떨어뜨리기 때문에 갑작스런 위기 상황을 발견해도 기수를 높이지 못한다.

지난 2009년, 155명을 태운 항공기가 미국 허드슨 강에 불시착한 사건이 있었다. 이 항공기가 이륙 2분 만에 엔진이 꺼진 것이다. 그야말로 마의 11분 안이다. 다행히 기장이 침착하게 기지를 발휘했다. 강에 불시착하기로 말이다. 천만 다행히도 강 위에 비행기는 안착했고, 인명피해를 막았다. 그 사건을 '허드슨 강의 기적'_{Miracle on the Hudson}이라고 부른다.

우리 인생에도 내 힘으로는 도무지 해결되지 않는 순간들이 일어난다. 분명 잘못되고 있는 것은 알겠는데 속수무책일 때가 있다. 반대로 나는 애쓰지 않는데도 상황이나 사람에게 떠밀려 어렵지 않게 일이 풀리는 경우도 있다. 지금 어떤 상황에 있는가? 모든 일이 잘되고 있는가? 올라가고 있는가? 그때가 하나님의 은혜가 더욱 필요한 때이다. 내려가고 있는가? 내가 아무리 떨어지지 않으려고 애쓰고 노력해도 하나님의 은혜가 아니면 안 된다. 오직 하나님의 은혜만이 나를 정상 궤도에 올려 놓을 수 있다.

미국 템플대학의 창시자 러셀 콘웰Rusell H. Conwell 박사가 2차 대전 후 미국에서 백만장자로 성공한 4,043명을 조사한 결과 아주 흥미로운 공통점 두 가지를 발견했다. 하나는 그 많은 성공한 사람들 가운데 고졸 이상의 학력자는 불과 69명뿐이고 나머지는 거의 공부를 하지 못한 사람들이었다는 것이다. 사람이 성공하는 데 학벌은 그리 중요하지 않다는 것이 증명된 셈이다. 또 하나는 그 성공한 사람들에게 세 가지 분명한 철학이 있었다는 것이다. 첫째는 목적이 아주 분명했고, 둘째는 목적을 위해서 최선을 다했으며, 셋째는 자신의 무능함과 무식을 통감하고 하나님께 기도하면서 은혜를 사모했다는 것이다. 이 세 가지 공통점은 어느 시대에서나 불변하는 성공의 조건일 것이다.

야곱은 약점투성이의 사람이었다. 그런데도 위대한 믿음의 조상이 되었고 축복의 대명사가 되었다. 이유는 간단하다. 자신의 삶의 정황에서 불평하거나 원망하지 않고 하나님께서 '축복의 유전자'를 준비해 놓으셨다는 믿음을 가졌기 때문이다. 더 나아가 자신의 비전을 구체화시켜 그것을 그린 후에 하나님 앞에 세울 때 하나님께서는 그에게 놀라운 은혜를 베풀어 주셨다. 야곱이 가졌던 이 놀라운 삶의 영적 지혜가 모든 성도 위에 차고 넘칠 수 있기를 주님의 이름으로 기원한다.

"우리 가운데서 역사하시는 능력대로 우리가 구하거나 생각하는 모든 것에 더 넘치도록 능히 하실 이에게 교회 안에서와 그리스도 예수 안에서 영광이 대대로 영원무궁하기를 원하노라 아멘"(엡 3:20-21).

Part 3

人間 야곱,
이스라엘 되다

Chapter 12

소유를 내려놓고
하나님을 붙잡다

창 32:21~32

축구는 공을 차는 놀이로부터 시작되었다. 기록에 의하면 공을 가지고 노는 축구 형식은 주전 7세기경부터 있었다고 한다. 그러나 현재와 같은 스포츠로서 형식을 갖추게 된 것은 1863년 영국에서부터다. 그리고 이 축구를 세계 각국에 보급시키는 데 결정적인 역할을 한 사람들이 바로 선교사들이다. 그러므로 축구와 기독교는 아주 밀접한 관계가 있다. 축구의 정식 명칭은 '어소시에이션 풋볼'Association Football이지만 'soc'를 빼내어 '사커'soccer라고도 부른다.

2002년 한국에서는 월드컵이 열렸다. 당시 우리팀 감독이었던 거스 히딩크Guus Hiddink는 선수들에게 '생각하는 축구'를 강조했다. '생각하면서 뛰어라. 생각하는 축구를 하라'고 선수들에게 계속하여 주입시

켰다. 그래서 한국 축구를 가리켜 '싱크 사커'Think Soccer라고 부르기도 했다. 무조건 그라운드에서 줄기차게 뛴다고 해서 능사가 아니다. 왜 뛰고 있는지, 지금 이 공을 패스할 것인지, 드리블할 것인지를 생각해야 한다. 비단 축구뿐만이 아니다. 생각, 이것은 우리의 생활 속에 그대로 적용된다. 무슨 일이든지 생각하면서 살아야 한다. 그런데 아무 생각 없이 하루하루 살아가는 사람들이 의외로 많다.

내가 지금 무엇에 골몰하고 있으며, 무엇을 생각하고 있느냐는 대단히 중요하다. 그래서 신학자인 스캇펙Scott Peck은 우리가 두고두고 곱씹어야 할 유명한 말을 했다. "교만이나 불순종은 원죄가 아니라 원죄가 낳은 결과일 뿐이다. 그렇다면 원죄란 무엇인가? 그것은 생각의 게으름이다. 즉 생각하기를 게을리 하는 것이다." 그의 지적은 일리가 있다. 뱀이 유혹할 때 아담과 하와가 조금만 더 깊게 생각했더라면 그 유혹에 걸려 넘어지지는 않았을 것이다. 하나님이 주신 말씀이 과연 무엇인지를 생각하지 않았다. 그러므로 원죄란 생각하기를 게을리한 데서부터 출발했다.

세상을 살아가는 것은 만만치 않다. 그러므로 우리는 살아가면서 생각을 많이 해야 한다. 지혜로운 사람은 생각을 많이 하는 사람이다. 특히 우리가 어떤 어려움에 던져졌을 때는 생각을 많이 해야 한다. 때문에 지혜자는 "형통한 날에는 기뻐하고 곤고한 날에는 생각하라"(개역한글, 전 7:14)고 했다. 언제 생각하라고 했는가? 곤고한 날이다. 즉 어려움에 직면했을 때 특히 더 깊이 생각하는 사람이 되라는 것이다.

로댕Rodin 하면 우리는 '생각하는 사람'이라는 조각상을 떠올리게 된다. 이 조각상은 단테Dante의 『신곡』 중 '지옥' 편을 배경으로 한 작품이다. 지옥문 앞에서 한 사나이가 손으로 턱을 괴고 골똘히 생각을 하고 있다. 로댕이 우리에게 주고자 하는 메시지는 무엇인가? 인생의 최대의 위기는 지옥문 앞이니 그 앞에서 생각하는 사람이 되라는 것이다.

내가 손을 펴면 하나님이 붙잡혀 주신다

여기, 인생 최대의 위기에 직면해 있는 사람이 등장한다. 바로 야곱이다. 그의 일생을 두고 지금처럼 어려움을 경험해 본 적이 일찍이 없었다. 그런데 이 위기 앞에서 야곱이 어떤 사람으로 바뀌었는가?

창세기 32장 20절을 보면 "야곱의 생각에"(개역한글)라는 말이 나온다. 절체절명의 위기 앞에서 야곱은 생각하는 사람으로 바뀌었다. 그가 지금까지는 생각 없이 살았다는 말이 아니다. 그도 나름대로 여러 가지 생각을 하며 살아왔다. 하지만 '그가 생각했다'고 말하지 않는다. 그런데 본문에서 처음으로 '생각'(아마르)이라는 단어를 쓰고 있다. 그만큼 그가 이 상황에 직면해서는 그전과는 전혀 차원이 다른 생각하는 사람, 생각하되 깊이, 밤을 새면서 골똘히 생각하는 사람으로 바뀌었음을 강조한다. 그가 어떤 생각을 하였던가?

"그 예물은 그에 앞서 보내고 그는 무리 가운데서 밤을 지내다가 밤에 일어나 두 아내와 두 여종과 열한 아들을 인도하여 얍복 나루를 건널새 그들을 인도하여 시내를 건너가게 하며 그의 소유도 건너가게 하고"(창 32:21-23).

얼마나 피땀 흘려 모은 재산인데 그 어느 하나라도 떠나보낼 수 없는 소중한 것들이 아닌가? 그런데 그것들을 다 보내 버린다. 여기에다 사랑하는 아내, 자식들까지 앞서 떠나보낸다. 그의 생각이 '떠나보내자', '다 포기하자', '내 손안에 쥔 것을 다 놓자'라고 바뀌었다. 이러한 결단, 야곱의 성격을 아는 사람이라면 결코 쉬운 결정이 아니라는 것을 알 수 있다.

'야곱'이라는 이름의 뜻이 무엇인가? '쥐는 사람', '붙잡는 사람'이다. 그는 지금까지 그의 이름처럼 살았다. 그가 무엇을 붙잡았는가? 무엇을 손안에 넣으려고 애써 왔는가? 바로 창세기 32장 13절 이하에 소개되는 것들이다.

> "야곱이 거기서 밤을 지내고 그 소유 중에서 형 에서를 위하여 예물을 택하니 암염소가 이백이요 숫염소가 이십이요 암양이 이백이요 숫양이 이십이요 젖나는 낙타 삼십과 그 새끼요 암소가 사십이요 황소가 열이요 암나귀가 이십이요 그 새끼 나귀가 열이라"(창 32:13-15).

야곱은 바로 위에 열거된 것들을 손에 쥐기 위해 일생을 전력투구 하였다. 결국 그것들을 모두 손아귀에 쥐었다. 그런데 이젠 그것들을 과감히 포기한다. 생각의 결과다. 그럼, 다 놓아 버린 야곱은 어떤 모습인가? 그야말로 빈털터리다. 혈혈단신 혼자 몸이 되었다. 이제 정말 아무것도 없다. 성경은 이 야곱을 이렇게 묘사하고 있다.

"야곱은 홀로 남았더니"(창 32:24a).

그런데 바로 그때 놀라운 일이 펼쳐진다. 누군가 나타났다. 그리고 씨름을 건다. 두 사람이 승패를 결정짓는 경기가 어디 한두 가지인가?

왜 하필이면 많은 운동경기 가운데서 씨름일까? 두 사람이 승패를 결정짓는 경기가 어디 한두 가지인가? 성경을 그냥 넘기면 아무것도 발견하지 못한다. 계속하여 본문을 통해 질문을 던져 보라. 왜 씨름일까? 여기에 중요한 진리가 있다.

다시 한 번 자세히 사건의 앞뒤를 살펴보자. 야곱은 생각하고 생각한 끝에 지금까지 쥐고 있던 것을 다 포기하자, 떠나보내자 결론 내렸다. 그리고 떠나보냈다. 이제 그의 손에 쥔 것은 아무것도 없다. 그야말로 '편 손', '빈 손', 이것이 야곱의 현주소다. 그런데 바로 그때 어떤 사람이 나타나 싸움을 걸어온다. 씨름을 하자면서 말이다. 무슨 뜻인가?

씨름은 상대의 허리춤을 붙잡는 것으로 시작한다. 즉, '너의 편 손, 아무것도 쥐지 않은 빈털터리의 손으로 나를 붙잡으라'는 뜻이다. 씨름은 붙잡아야만 한다! 상대를 놓으면 그 순간 모래판에 내팽개쳐진다. 그러므로 사생결단의 각오로 상대를 붙잡아야만 한다. 이것이 씨름이다. 게다가 그에게 씨름을 걸어오신 분은 다름 아닌 하나님이시다. 이제 우리는 왜 하필 정체불명의 상대가 야곱에게 씨름을 걸어왔는지 알 수 있다. 바로 그분이 하나님이시기 때문이다.

야곱은 엉겁결에 그 하나님을 붙잡는다. 사실 그가 누군지도 몰랐던 야곱으로서는 하나님을 붙잡았다고 하기 어렵다. 오히려 하나님이 자원하여 야곱에게 붙잡혀 주셨다는 표현이 더 정확할 것이다. 하나님께서 '네 손에 있던 것들을 이제 버렸구나. 이젠 나를 붙잡아라. 내가 붙잡혀 주마' 하고 말씀하시는 것 같지 않은가? 야곱이 붙잡지 않으면 안 되는 상황으로 몰아가신 것이다.

> "자기가 야곱을 이기지 못함을 보고 그가 야곱의 허벅지 관절을 치매 야곱의 허벅지 관절이 그 사람과 씨름할 때에 어긋났더라 그가 이르되 날이 새려하니 나로 가게 하라 야곱이 이르되 당신이 내게 축복하지 아니하면 가게 하지 아니하겠나이다"(창 32:25-26).

씨름이 엎치락뒤치락 이어졌다. 밤새도록 승부가 나지 않았다. 새벽이 되었다. 그때 야곱의 허벅지 관절에 '탁' 하는 소리와 함께 관절이 어긋났다. 그 순간 '야곱'이라는 선수 생명은 끝났다. 서서 버티게 하는 뼈가 부러졌는데 어떻게 설 수 있단 말인가? 더 이상 경기를 할 수 없다. 아무리 천하장사라도 이쯤 되면 승패는 결정 나 버린 것이다. 그런데 그분이 말씀하신다. "나로 가게 하라"고 애원조로 말씀하신다.

야곱은 지금 뼈가 부러진 상태다. 자신의 몸조차 가눌 수 없는 처지다. 그런 야곱조차도 뿌리칠 수 없는 약한 분이시란 말인가? 그런데 '나로 하여금 제발 가게 해다오'라고 부탁하신다. 도대체 무슨 뜻일까? 하나님이 야곱을 이길 힘이 없으셨단 말인가? 아니다. 단지 져 주신 것이다. 정말 붙잡혀서 꼼짝달싹하지 못하는 분이신가? 아니다. 붙잡혀 주신 것이다. 여기에서 우리는 중요한 진리를 발견해야 한다.

우리는 어쩔 수 없는 야곱이다. 야곱이 누구인가? 아내, 자식, 물질에 연연하여 그것들에 영향을 받고, 그것들을 무엇보다 중요하게 생각해서 손에 쥐고 놓지 않으려던 자가 아닌가! 그러니 우리 모두가 야곱이다. 육체를 입고 이 땅에 살기 때문에 야곱일 수밖에 없다. 그래서 뭐든지 꽉 쥐려고만 한다.

그런데 바로 그것을 놓으면 하나님이 붙잡혀 주신다. 손을 펴면 내 손아귀에 붙잡혀 주신다. 그분을 붙잡았다는 것은 그분을 이겼다는 뜻이다. 하나님을 이긴 자 즉 '이스라엘'이 된다.

야곱인가, 이스라엘인가?

하나님이 아담에게 "네가 어디 있느냐"(창 3:9)고 물으셨다. 아담이 지금 어디 숨어 있는지를 몰라서 물으시는 것일까? 가인에게는 "네 아우 아벨이 어디 있느냐"(창 4:9)고 물으셨다. 가인이 동생에게 어떤 짓을 했는지를 몰라서 물으시는 것일까? 그 하나님이 이번에는 야곱에게 "네 이름이 무엇이냐"(창 32:27)고 물으신다. 이름을 몰라서 물으셨을까? 천만의 말씀이다. 하나님은 야곱이 지금까지 어떤 생을 살아왔는지 세세하게 알고 계시다. 그런데 왜 이름을 물으시는 걸까?

"그가 이르되 네 이름을 다시는 야곱이라 부를 것이 아니요 이스라엘이라 부를 것이니 이는 네가 하나님과 및 사람들과 겨루어 이겼음이니라"(창 32:28).

야곱이 붙잡은 세상 것들을 포기했을 때 '이스라엘'이 되었다. 야곱은 '발꿈치를 붙잡았다'는 뜻이다. 이스라엘은 '하나님을 붙잡았다'는 뜻이 아닌가. 똑같이 붙잡았다. 그런데 그 대상이 달라졌다. 세상을 향하여 손을 펴니 하나님이 져 주시고 붙잡혀 주신다. 믿음이란 무엇인가? 내 손아귀에 쥐고 있는 것을 놓는 것이 곧 '믿음'이다. 그것을 놓아 버려 내가 빈손이 될 때 하나님이 다가오셔서 잡혀 주시고 져 주신다는 것이다.

> "또한 모든 것을 해로 여김은 내 주 그리스도 예수를 아는 지식이 가장 고상하기 때문이라 내가 그를 위하여 모든 것을 잃어버리고 배설물로 여김은 그리스도를 얻고 그 안에서 발견되려 함이니 내가 가진 의는 율법에서 난 것이 아니요 오직 그리스도를 믿음으로 말미암은 것이니 곧 믿음으로 하나님께로부터 난 의라"(빌 3:8-9).

한 여행자가 미국의 그랜드캐니언(Grand Canyon)에서 발이 미끄러지는 바람에 벼랑 아래로 굴렀다. 그러다가 가까스로 작은 나뭇가지 하나를 붙잡고는 간신히 매달리게 되었다. 그는 겁에 질려 소리쳤다.
"거기 위에 누구 없소? 누가 날 좀 구해줘요."
그러자 어떤 음성이 들려 왔다.
"내가 여기 있느니라. 너의 주 하나님이다."
"오, 하나님! 나를 구해 주십시오."
"내가 구해 주마. 그런데 그 전에 내가 한 가지 확인할 일이 있다.

넌 나를 믿느냐?"

"하나님, 제가 확실히 믿습니다. 저는 매주일 교회에 나가고요 새벽 기도회에도 나갑니다. 십일조도 열심히 합니다. 저는 당신을 믿어요."

"좋아! 그렇다면 네가 붙들고 있는 그 나뭇가지에서 이제 손을 떼어라."

그러나 그는 한참 동안 조용히 있었다. 그러다가 이렇게 소리 질렀다.

"거기 위에 하나님 말고 누구 다른 이 없소?"

하나님을 믿는다면 세상의 것, 지금까지 내가 사랑하고 또 의지했던 것을 놓아야 한다. 그리고 그 편 손으로 하나님을, 하나님의 말씀을 붙잡아야 한다.

1989년 6월, 충정교회에 담임목사로 부임했다. 그동안 같이 섬겨 주신 분들과 수고해 주신 분들에게 감사드리면서 부임 즈음에 일어났던 일 한 가지를 떠올려 본다. 당시 머물렀던 서초동은 참 좋은 환경이었다. 특히 큰아이가 20대 1의 경쟁률을 뚫고 서울교대부속초등학교에 들어갔을 때는 얼마나 감사했던지! 그런데 충정교회로 부임하는 상황이 벌어졌다. 가족들이 갈등하기 시작했다. 그중에 아이들 학교 문제가 큰 비중을 차지했다. '모두 자녀 공부시키려고 강남으로 오려고 하는데 이곳에서 떠나야 하다니…' 천지를 모르는 애들은 "아빠, 우리 여기 계속 살면 안 돼요? 전학가기 싫어요. 학교는 옮기지 않을래요"라고 했다. 그래서 가능하면 통학을 시킬 수 있을까 하여 등교 시간에 아이들과 함께 지하철로 서대문 충정로역에서 강남의 '교대역'까지 가 보았다. 몇 번이나 지하철을 갈아타면서 계속 주의를 줬다.

"여기서 기다리다가 타라. 그리고 차 안쪽으로 밀려들어가면 나중에 내리기가 힘들어. 이렇게 을지로3가역에서 이젠 3호선으로 바꿔 타야 해. 이쪽 길로 쭉 가서…."

이렇게 교대부속초등학교까지 도착했을 때는 모두가 파김치가 되어 버렸다. 그래서 결국은 통학을 포기하고 전학을 시키려고 의견을 모았다. 아내가 전학통지서를 끊으려고 아이들과 함께 학교에 찾아갔다. 그런데 늦은 시간까지 연락이 없었다. 당시는 핸드폰도 없는 시절이었기 때문에 알아볼 방법이 없었다. 갈만한 곳을 찾고 찾아 초등학교까지 갔다. 늦은 시간 운동장 한 귀퉁이에 앉아 있는 엄마와 아이들을 발견했다. 전학통지서를 들고 얼마나 울었던지, 모두가 눈이 뻘게 있었다. 그때 정말 진심으로 두 아이의 머리에 손을 얹고 기도했다.

"하나님, 저는 괜찮습니다. 그러나 아무것도 모르는 아이들을 하나님이 책임져 주십시오. 이들의 앞길을 주님께서 인도해 주십시오. 하나님만 의지하고 나아가겠습니다."

나도 모르게 눈물이 아이들의 머리 위에 떨어졌다. 사실 그러고 나서 내가 아버지로서 아이들에게 해준 것이 별반 없다. 그렇지만 아이들은 아직까지 반듯하게 자라 주고 있다. 아이 둘을 대학에 보내면서 고3병을 앓지 않았으니 그것만 하여도 감사한 일이 아닌가! 그리고 여기까지 인도해 주셔서 얼마나 다행스럽게 생각하는지 모른다. 나는 하나님이 언제나 위대하시고 또 능력이 많다는 것을 믿는다.

그 하나님이 이 시간 우리에게 찾아오셔서 물으신다. '너는 이스라엘인가, 아니면 아직도 야곱인가?' 이 말의 뜻은 이것이다. '너는 신앙인이라고 하면서 하나님을 붙잡고 있는가, 아니면 아직도 세상의 것을 붙잡고 있는가? 무엇을 더 중요하게 생각하고 있는가? 어느 것에 더 연연하고 있는가?' 아섭고 힘들고 어렵겠지만 세상의 것들을 포기할 때, 그때 하나님은 내 삶에 개입하신다. 나를 만나 주신다. 그뿐만 아니라 내 손에 붙잡혀 주시고 져 주시기까지 하신다.

지금 하나님을 붙잡고 있는가, 아니면 나뭇가지를 붙잡고 있는가? 하나님은 우리 손에서 능력 행하시기를 원하신다. 승부의 세계는 참으로 냉혹하다. 패자는 승자가 무엇을 요구해도 다 들어주어야 한다. 그럼 하나님이 '져 주신다'는 뜻은 무엇인가? 하나님 앞에 소원을 아뢸 때 그 소원을 다 들으시고 응답해 주신다는 뜻이다.

하나님은 저 구름 위에 계시는 분이 아니시다. 하나님은 오늘도 우리 삶 속에 개입하셔서 "나를 붙잡으라"고 말씀하신다. 이것을 붙잡기 위해서는 저것을 놓아야만 한다. 하나님께서는 지금 우리가 꼭 붙잡고 있는 것을 놓으라고 말씀하신다. 그래야만 붙잡혀 주신다. 아니, 져 주신다. 더 큰 것을 주신다. 능력 행하시기를 원하신다. 하나님을 붙잡고 있는가, 세상을 붙잡고 있는가? 지금 "네 이름이 무엇이냐?"고 물으신다면 어떤 대답을 하겠는가? '야곱입니다'인가? '이스라엘입니다'인가?

"여호와께서 너를 실족하지 아니하게 하시며 너를 지키시는 이가 졸지 아니하시리로다 이스라엘을 지키시는 이는 졸지도 아니하시고 주무시지도 아니하시리로다"(시 121:3-4).

Chapter 13

먼저 무릎 꿇고
관계를 풀다

창 32:24~32

야곱과 그의 형 에서의 뒤틀린 관계는 무려 20년이란 긴 세월 동안 지속되어 온 해묵은 숙제였다. 야곱은 그저 형의 낯을 피하면 될 것이라고 생각했다. 또한 시간이 흐르면 그 문제는 자연스럽게 해결될 것이라고 생각했다. 그러나 문제는 그렇게 간단하지 않았다. 형의 낯을 피해도, 20년이란 세월이 흘러도 문제는 여전히 그대로였다. 아니 더욱 악화되었다고 보는 것이 정확할 것이다. 하지만 죽기 전에 이 문제는 어떤 형태로든지 풀어야만 한다.

형이 400명이나 되는 군사를 이끌고 자기에게 달려오고 있다는 전갈이 왔다. 야곱은 불안하고 두렵고 떨렸다. 이 문제를 어떻게 해결해야 좋을지 몰라 잠을 이루지 못했다. 초조해하며 안절부절 못했다. 그러다가 그는 한 가지를 생각한다.

"야곱이 거기서 밤을 지내고 그 소유 중에서 형 에서를 위하여 예물을 택하니"(창 32:13).

야곱은 우선 형에게 뇌물을 보내야 되겠다는 생각을 한다. 창세기 32장 18절을 보면 그 예물(뇌물)을 모든 것에 앞세워 보낸다. 형의 노한 감정을 뇌물로 풀 수 있지 않을까 하는 생각으로 모든 것에 앞서 물질을 보내는 것이다(창 32:20).

"대답하기를 주의 종 야곱의 것이요 자기 주 에서에게로 보내는 예물이오며 야곱도 우리 뒤에 있나이다 하라 하고 그 둘째와 셋째와 각 떼를 따라가는 자에게 명령하여 이르되 너희도 에서를 만나거든 곧 이같이 그에게 말하고 또 너희는 말하기를 주의 종 야곱이 우리 뒤에 있다 하라 하니 이는 야곱이 말하기를 내가 내 앞에 보내는 예물로 형의 감정을 푼 후에 대면하면 형이 혹시 나를 받아 주리라 함이었더라"(창 32:18-20).

야곱은 신앙인이다. 하지만 자신이 당면한 문제 앞에선 세상 사람들과 똑같은 방법을 취하고 있다. 돈, 물질이면 무엇이든지 해결할 수 있으리라는 생각만큼 위험한 발상은 없다. 그는 위기의 순간 하나님을 의지하기보다는 물질을 의지하였고, 하나님을 바라기보다는 물질의 힘을 기대하여 문제를 해결하려고 한다.

오늘 우리 주변은 어떠한가? 하루가 멀다 하고 끊임없이 불거지는 굵직한 사건들의 배후에는 엄청난 물질(뇌물)들이 왔다 갔다 한다. 나는 어떠한가? 어떤 문제에 직면해 있는가? '내가 이 문제를 해결해야 하는데 어떻게 해야 하는가?' 하며 고민하고 있는가? 그래서 생각해 낸 묘수는 무엇인가? 지난밤에 어떤 문제로 고민하다가 뜬눈으로 밤을 지새웠는가? 지금 들려주시는 음성에 귀를 기울이기 바란다.

하나님과의 관계를 먼저 해결하라

"야곱이 심히 두렵고 답답하여"(창 32:7a).

문제 앞에서 그의 마음속은 두려움과 답답함으로 가득 찼다. 이 마음은 태고부터 이어져 내려오고 있다. 아담은 그때 두려워하여 숨었다(창 3:10). 범죄 한 가인도 이 두려움에서 벗어나지 못했다(창 4:14). 두려움에 떨던 야곱은 어떻게 하든지 형과의 문제를 풀어 보려는 생각에 골몰하고 있다. 그런 야곱에게 하나님이 나타나셨다. 그런데 하나님은 직접 그 문제를 해결해 주지 않으신다. 오히려 떨고 있는 그에게 씨름을 걸어오신다. 그러자 야곱은 형과의 문제보다 코앞의 씨름에 집중하지 않을 수 없었다. 생명은 지켜야 된다고 생각했기 때문이다.

하나님은 왜 형과의 문제로 골몰하는 야곱에게 싸움을 거셨을까? 이 사건을 통해 전달하려는 메시지는 무엇인가? 그것은 이것이다. "나와의 문제를 먼저 풀어라. 하나님과 먼저 해결해야 할 일이 있다"는 것이다. 하나님과의 문제는 무엇인가? 영적인 문제를 뜻한다. 그 문제부터 먼저 해결하라는 것이다.

이 원리는 우리에게도 그대로 적용된다. 지금 어떤 문제들을 안고 있는가? 직장 문제인가? 물질 문제인가? 질병 문제인가? 아니면 관계에서 일어나는 문제인가? 그 어떤 문제 때문에 두려워하며 떨고 있는가? 하나님은 말씀하신다. "그 문제보다 나와의 문제를 먼저 풀어라. 초점을 나에게 맞추어라. 나와의 관계가 바르게 정립되었는지를 살펴라. 나와의 사이에 가로막힌 담은 없는지 찾아라. 그리고 제거하라."

이렇게 질문을 던져 보자. '나는 과연 하나님께 기쁨이 되고 있는가?', '나는 과연 하나님을 위한 삶을 살아가고 있는가?', '나는 과연 하나님 앞에서 순종의 삶을 살아가고 있는가?'

우리는 힘들고 어려운 상황을 만날 때마다 얍복 강의 메시지에 귀를 기울여야 한다. 이런 방법으로 우리에게 다가오시기 때문이다. 우리가 그 무엇보다 먼저 하나님과의 관계를 정립하길 원하신다. 하나님과의 관계만 바르게 정립된다면 '에서와의 문제', 즉 표면적으로 해결해야 할 문제는 하나님이 친히 해결해 주신다. 하나님과의 관계를 등한시하지 말아야 한다. 언제나 이것이 우선되어야 한다.

요나가 다시스로 향하고 있다. 풍랑이 일어났다. 그때 사람들은 그 풍랑을 극복하기 위해 갖가지 방법을 동원한다. 하지만 번번이 실패했다. 요나가 하나님과의 관계를 회복하기 전에는 수만 가지의 방법이 그야말로 무책이었다. 방법은 오직 하나 요나가 하나님을 찾는 것, 그분과의 관계를 회복하는 길밖에 없었다.

"그가 대답하되 나를 들어 바다에 던지라 그리하면 바다가 너희를 위하여 잔잔하리라 너희가 이 큰 폭풍을 만난 것이 나 때문인 줄을 내가 아노라 하니라"(욘 1:12).

"요나를 들어 바다에 던지매 바다가 뛰노는 것이 곧 그친지라"(욘 1:15).

엉뚱한 문제를 붙잡고 시간을 허비하는 우를 범치 않아야 한다. 언제나 하나님과의 관계를 먼저 생각해야 한다. 그분의 뜻이 나타날 때 그 뜻에 순종하면 문제가 눈 녹듯이 사라진다. 평탄한 길이 펼쳐진다.

칠흑같이 어둡고 깊은 밤에 전함 두 대가 작전 수행 중이었다. 안개까지 끼어서 시계가 제로인 캄캄한 밤이었는데 갑자기 감시 초병이 급하게 함장에게 보고를 했다.

"함장님, 앞에 불빛이 나타났습니다."

보고를 들은 함장은 앞에 보이는 그 불빛에게 교신을 보내 충돌코스에 들어와 있음을 알리고 즉시 20도 각도로 방향을 틀어 빠져나가라는 지시를 내리라고 명령했다. 그러자 저쪽에서 메시지가 날아왔는데 "당신이 20도 방향을 틀어 나가라"는 것이었다. 이 교신을 들은 함장이 화가 나서 말했다.

"나는 함장이다. 빨리 20도 각도로 틀어라."

그러자 또 한 번의 교신 메시지가 왔다.

"나는 등대지기다. 빨리 20도 각도로 배를 돌려 나가라."

과연 누가 배를 돌려야 할까?

이사야 53장 2절을 보면 예수님은 고운 모양도 없고 흠모할 만한 것이 아무것도 없는 분으로 소개된다. 하지만 그분은 우리의 '등대지기'시다. 빛이시기 때문이다(요 1:5). 그분의 음성에 내가 순종할 때 내 항로가 형통할 수 있다. 소원의 항구에 도착할 수 있다(시 107:30). 그분은 길이시다. 그 길을 따라갈 때 비로소 '진리'에 이를 수 있다(요 14:6). 온전히 바른 길로 나아갈 수 있다.

 어려운 문제 앞에 두려워하며 떨고 있는가? '문제'에만 고정되어 있는 시야를 하나님께로 돌리자. 그리고 지금 내가 그분과의 관계가 바르게 정립되어 있는지 면밀히 진단하자. 영적인 부분에 어떤 문제가 있는지 점검해 보자. 정말 나는 하나님의 기쁨이 되고 있는지 돌아보자. 그것이 문제를 해결하는 지름길이다.

내가 먼저 꼬꾸라지자

"그가 브니엘을 지날 때에 해가 돋았고 그의 허벅다리로 말미암아 절었더라 그 사람이 야곱의 허벅지 관절에 있는 둔부의 힘줄을 쳤으므로 이스라엘 사람들이 지금까지 허벅지 관절에 있는 둔부의 힘줄을 먹지 아니하더라"(창 32:31–32).

왜 하필이면 허벅지 관절이었을까? 여기에는 아주 깊은 의미가 있다.

"자기는 그들 앞에서 나아가되 몸을 일곱 번 땅에 굽히며 그의 형 에서에게 가까이 가니"(창 33:3).

여기 일곱 번이라는 말은 횟수로서의 일곱 번이 아니다. 일곱은 완전수다. 이 일곱은 '수없이', '상대가 흡족해 할 때까지'라는 뜻이다. 지금 두 형제가 20여 년 만에 극적인 해후를 한다. 그런데 야곱이 어떤 모습으로 나아가는가? 기면서 에서 앞으로 나아간다. 왜 기고 있는가? 허벅지 관절이 어긋났기 때문이다. 온전히 걸어갈 수 없었다. 설 수조차도 없는 몸 상태다. 가다가 넘어지고, 또 넘어진다. 이런 모습을 수없이 반복한다. 하나님은 야곱에게 요구하신다. "너 복 받았지? 너 하나님을 믿는 사람이지? 그렇다면 거드름 피우지 말고 네가 먼저 거꾸러져라. 네가 에서 앞에서 기어라"고 요구하는 것이다.

야곱은 자존심이 대단히 강한 사람이다. 그런데다가 지금은 그야말로 거부가 되지 않았는가? 아내가 네 명이나 되며, 자식도, 종도, 거기다 재물도 크게 두 떼를 이루었다(창 32:10). 한마디로 객지에서 출세하여 금의환향하고 있다. 그런 그였기에 그 누구 앞에도 엎드릴 이유가 없다. 설령 형일지라도 말이다. 하지만 이래서는 문제가 해결되지 않는다. 그래서 그의 허벅지 관절을 쳐 버리신 것이다. 뻣뻣하지 않도록, 일어설 수 없도록, 기지 않으면 안 되도록 만들어 버리셨다. 그는 별 수 없이 기어갈 수밖에 없었다.

한편 에서는 야곱이 폼 잡고 기세등등하게 올 줄 알았다. 출세도 하고, 재산도 모으고, 많은 자식들까지 얻었으니 기고만장할 줄 알았다. 그런데 멀리서 보니 뜻밖의 모습이다. 초라하고 불쌍한 모습이 아닌가! 절룩거리며 조금 걷는 듯하더니 넘어지고, 일어났는가 싶더니 또 넘어지고, 결국 엉금엉금 기어서 다가오고 있다. 동생의 그런 모습을 보는 순간 에서의 마음속에 지난 세월 동안 화석처럼 굳어 있던 미움과 증오, 복수심이 봄 햇살에 눈 녹듯이 녹아 내려 버렸다. 미사여구를 동원한 말이 아니었다. 그것은 액션이었다.

 삶에 닥치는 많은 문제가 대부분 '관계'에서 온다. 부부, 고부, 부모, 자식, 형제, 상사, 이웃과의 관계에서 문제가 온다. 오늘 우리 또한 동일한 문제들을 안고 있다. 이를 어떻게 풀 것인가? 방법이 하나 있다. 야곱처럼 내가 먼저 거꾸러지는 것이다. 허벅지 관절을 부러트리는 것이다. 상대방 앞에 엎드리는 것이다. 주님께서 허리에 수건을 두르시고 그릇에 물을 떠오셔서는 제자들 앞에서 무릎을 꿇고 발을 씻겨 주셨듯이 말이다(요 13:5). 이것이 관계를 회복하는 유일한 방법이다. 내가 목을 세우고, 허리를 뻣뻣하게 하는 한 관계 회복은 요원하다. 문제는 결코 풀리지 않는다. 설령 내가 그보다 잘나고 모자란 부분이 없다 할지라도 내가 먼저 거꾸러지는 것이다. 이것이 하나님이 알려주시는 방법이다.

문제 해결의 주체는 나에게 있다

 30여 년 동안 목사로서, 그것도 한 교회에서 사역을 해 오다 보니 성도들 간에 형성된 관계의 깊은 곳으로 들어갈 때가 많이 있다. 어려움을 함께 나누며 고뇌들을 안고 같이 머리를 맞댈 때도 자주 있다. 그런데 대화를 하다 보면 마음이 씁쓸할 때가 있다. 대부분 자신보다는 시어머니가, 며느리가, 남편이, 아내가 문제라고 철썩 같이 믿고 있다.

자신은 문제가 없는데 다른 사람이 문제라고 우겨댄다. '그 사람만 변하면 될 텐데, 그 사람만 그렇게 해주면 될 텐데…' 하는 식이다. 어쩌면 우리네 대부분이 이런 사고에 갇혀 있는 것은 아닐까?

이 고정관념을 깨뜨려야 한다. '고장 난 생각'에 불과한 고정관념을 깨뜨려야 한다. '아이스 브레이킹'Ice-breaking이란 말이 있다. 얼어붙은 생각, 잘못된 생각을 깨뜨린다는 뜻이다. 장남이 꼭 부모를 모셔야 하는가? 부모와 자식이 꼭 한 공간에서 살아야 하는가? 시어머니에게 며느리는 늘 순종해야 하는가? 어떻게 생각하는가?

어느 종갓집에 새 며느리가 들어왔다. 시어머니는 처음부터 며느리를 콱 잡아야 한다는 생각에 분위기를 잔뜩 잡고선 이렇게 이야기했다.

"새아가, 나는 긴말하기 싫어하니까 손가락을 이렇게 까딱하면 오라는 신호인 줄 알고 잽싸게 오너라."

그러자 며느리가 이렇게 응답하는 것이다.

"예 어머니, 저도 긴말하기 싫어하니까 제가 이렇게 고개를 좌우로 흔들면 못 간다는 신호로 아세요."

이 이야기를 들으면서 '우리 며느리가 들어야 하는데, 우리 시어머니가 들으셔야 하는데…' 하는가? 문제를 푸는 주체는 바로 내가 되어야 한다. 상대방이 풀도록 기다리기보다는 내가 문제에 능동적으로 접근해야 한다. 내가 먼저 그 앞에 엎드려야 한다.

우리가 십자가를 보면서 배워야 할 것이 이것이다. 십자가가 무엇인가? 예수님은 아무 죄가 없으셨다. 그런데 인류의 죄 문제를 어디에서 풀려고 하셨는가? 바로 예수님 자신에게서 풀어 나가려고 하셨다.

이것이 십자가다. 그러므로 예수 그리스도를 닮아 가는 자라면 내가 먼저 풀려는 자세를 가져야 한다. 그래서 주님은 무덤 앞에서 멍하니 서 있는 마르다에게 먼저 오라버니에게 다가가 "풀어 놓아 다니게 하라"(요 11:44)고 하신 것이다.

한 남자가 은행에 갈 때마다 인상을 쓰는 직원이 있었다. 남자는 처음에는 대수롭지 않게 생각했지만 시간이 갈수록 화가 나서 그 직원이 다른 사람에게도 인상을 쓰며 대하는지 지켜보았다. 그런데 다른 사람에게는 상냥하기 그지없는 게 아닌가! 그래서 남자는 그 직원을 혼내줘야겠다고 작심을 했다. 다음 날 남자는 직원에게 다가가 창구가 쩌렁쩌렁 울릴 정도의 큰소리로 도대체 왜 자기만 보면 인상을 쓰냐고 물었다. 그러자 직원이 "선생님은 항상 곧 폭발할 것 같은 얼굴로 저를 바라보셨어요"라고 하는 것이다! 그때서야 비로소 남자는 자기에게 문제가 있다는 사실을 깨달았다.

그러므로 어떤 문제 앞에 직면했다면 항상 이 두 가지를 떠올려야 한다. 어떤 문제라도 그 뿌리를 찾아 들어가면 두 가지 종착점에 도달한다. 하나는 '하나님과의 영적인 문제'이고 또 하나는 '내 자신과의 문제'이다. 엉뚱한 대상과 싸우느라 시간과 정력을 낭비하며 씨름할 필요가 없다.

하나님의 자녀라면 문제 앞에서 제일 먼저 '하나님과의 관계가 제대로 정립되어 있는가?' 하는 질문을 던져야 한다. 그리고 나는 과연 '그 앞에서 단 한번이라도 거꾸러진 적이 있는가'라고 물어야 한다. 내가 거꾸러지면 문제는 해결된다. 아무리 케케묵은 문제일지라도 순식

간에 해결된다. 하나님께서 교만한 자는 물리치시지만 겸손한 자에게는 은혜를 베푸시기 때문이다. 이 삶의 지혜가 모두에게 있기를 염원한다.

"너희 안에 이 마음을 품으라 곧 그리스도 예수의 마음이니 그는 근본 하나님의 본체시나 하나님과 동등됨을 취할 것으로 여기지 아니하시고 오히려 자기를 비워 종의 형체를 가지사 사람들과 같이 되셨고 사람의 모양으로 나타나사 자기를 낮추시고 죽기까지 복종하셨으니 곧 십자가에 죽으심이라"(빌 2:5-8).

Chapter 14

人間 야곱, 하나님 앞에 거꾸러지다

창 32:24~32

어떤 사람이든지 일생을 살아가면서 한두 번의 아주 중요하고 결정적인 순간을 만난다. 터닝 포인트Turning Point라고도 하고 인생의 전환점, 혹은 기회라고도 한다. 그 순간을 어떻게 타개하면서 극복해 나가느냐에 따라서 그 사람의 성공 여부가 결정된다.

그런데 그 터닝 포인트는 이상하게도 항상 '고난'이나 '시련'으로 변장하여 나타난다. 그렇기 때문에 사람들은 이 변장술이 능한 기회 앞에서 불안해하고 괴로워하며 힘들어한다. '왜 이런 일들이 나에게 생기는 걸까?' 하면서 자학하고 좌절하며 나아가 다른 사람을 원망하기까지 한다. 고난의 껍질을 하나만 벗기면 그 속에 너무나 귀하고 놀라운 하나님의 은혜와 축복이 담겨 있다는 사실을 알지 못한 채로 말이다.

하지만 모두가 그런 것은 아니다. 어떤 사람은 고난으로 변장한 축복의 기회를 결코 놓치지 않는다. 그것을 붙잡고 허벅지 관절이 어긋날 때까지 싸운다. 그래서 기어이 그 기회를 쟁취하고 축복의 주인공이 된다. 야곱이 그런 사람이다.

교만한 자, 하나님은 치신다

"야곱은 홀로 남았더니 어떤 사람이 날이 새도록 야곱과 씨름하다가 자기가 야곱을 이기지 못함을 보고 그가 야곱의 허벅지 관절을 치매 야곱의 허벅지 관절이 그 사람과 씨름할 때에 어긋났더라"(창 32:24-25).

야곱 인생의 터닝 포인트라면 단연 얍복 강 나루, 싸움터 그곳일 것이다. 성경은 "자기가 야곱을 이기지 못함을 보고"(25절)라고 기록하고 있다. 누구에게 더 유리한 판세가 전개되고 있는가? 야곱이다. 야곱이 하나님을 이길 듯한 분위기다. 이 말을 다시 의역하면, '야곱이 하나님을 이기려 하고 있다'는 것이다.

그날 밤, 하나님은 힘이 없는 듯했다. 밤이 깊어 갈수록 판세는 야곱 쪽으로 기울고 있었다. 상대는 야곱이 이길 수 있을 정도로 만만한했다. '하나님도 별 수 없군. 하나님도 별것 아니네!'라는 생각이 들 정도의 상황이 전개되었다. 그러자 그는 자기가 마치 하나님을 이길 수 있을 것 같은 기분으로 들뜨기 시작했다. 자기의 지혜, 능력, 힘, 기술, 경험, 그리고 지금까지 다른 사람들에게 행하였던 술수, 기만, 거짓말,

여기에 쌓아 온 물질로 하나님을 넘어뜨리려 하고 있다. 하나님을 땅에 내동댕이쳐 버리려 하고 있는 것이다. 이런 야곱의 태도가 과연 정당한가? 참 대답하기 어려운 질문이다. 때문에 우리는 이런 질문 앞에서 성경이 어떤 해답을 제시하는지 찾아야 한다.

호세아는 그날 밤 사건을 이렇게 부연 설명하고 있다.

"여호와께서 유다와 논쟁하시고 야곱을 그 행실대로 벌하시며 그의 행위대로 그에게 보응하시리라 야곱은 모태에서 그의 형의 발뒤꿈치를 잡았고 또 힘으로는 하나님과 겨루되 천사와 겨루어 이기고 울며 그에게 간구하였으며 하나님은 벧엘에서 그를 만나셨고 거기에서 우리에게 말씀하셨나니"(호 12:2-4).

여기에서 우리가 주의 깊게 보아야 할 단어가 있다. 그것은 "야곱을 그 행실대로" 벌하셨다는 말이다. 여기에서 '행실'은 히브리어로 '데레크'דרך라고 하는데 항상 부정적인 의미로 쓰인다(잠 12:26). 다시 말하면 벌을 받거나 책망받을 행동을 했을 때 쓰이는 단어다. 특별히 이 단어는 악인과 관련된 행동에 쓰인다. 호세아의 말씀에서도 야곱의 행실대로 벌하신다고 한 후 어떤 말이 나오는가? 그의 행위대로 그에게 보응하신다고 말씀하신다. 단적으로 '야곱이 한 행동은 옳지 않다'는 것이다.

그러면 야곱의 어떤 행동을 옳지 않다고 지적하고 있는가? 하나는 형의 발뒤꿈치를 잡은 것이고, 또 하나는 하나님과 힘을 겨룬 일이다. 이 두 가지 행실이 벌 받을 만한 행동이라는 것이다. 이로써 야곱은 어떤 징계를 받는가? 바로 허벅지 관절이 어긋난다. 그냥 어긋나는 정도가 아니라 하나님이 친히 야곱의 허벅지 관절을 치신다.

오만하고 방자한 사람은 망한다. 사람과의 관계에서도 오만하고 교만하면 모두 그 곁을 떠나간다. 하나님 앞에서는 온전하겠는가? 하나님을 이기려고 해선 안 된다. 하나님은 교만한 자를 결코 용납하지 않는다. 하나님을 이기려 하는 것만큼 하나님 앞에서 무서운 죄악은 없다. 하나님을 이기려고 하면 관절이 어긋난다. 누구든 예외가 없다.

혹시 지금 영적 관절이 어긋나 있지는 않는가? 인생에서 가장 중요하게 여기던 부분이 무너지는 소리는 들리지 않는가? 그것이 혹시 내 고집의 산물은 아닌지, 하나님을 이기려고 했던 교만의 열매는 아닌지 생각해 봐야 한다. 사람들은 자기의 경험과 지식과 지혜로 하나님을 이기려고 한다. 하나님처럼 높아지려는 '바벨탑' 사고가 내재해 있다(창 11:3). 자기의 뜻을 하나님의 뜻에 복종시키기보다는 하나님이 자기의 뜻에 복종하기 원하는 겁도 없는 삶을 살아가고 있다. 이러한 자는 언젠가 그 관절이 부러지는 일들이 일어날 수 있다. 내 얍복 강에서 말이다.

추악한 모습 그대로 나가라

그런데 이 본문을 놓고 큰 의문을 하나 가지지 않을 수 없다. 그런 야곱이 어떻게 '하나님을 이긴 자'란 이름까지 받으며 축복을 누리게 되었느냐 하는 것이다. 하나님 앞에서 하나님을 이기려 했던 야곱의 행동이 잘못된 것이라면 야곱은 망해야 한다. 심판을 받아야 한다. 이름조차 생명책에서 지워져야 한다. 그런데 야곱은 오히려 '하나님을 이긴 자'라는 이름을 받는다. 더 나아가 하나님의 축복까지 받는다.

이 질문에 대한 답은 사실 굉장히 간단하다. 성경을 조금만 깊이 살피면 이 질문에 대한 답이 분명히 드러나기 때문이다.

야곱은 허벅지 관절이 어긋나 더는 아무것도 할 수 없는 비참한 상태로 땅바닥에 내동댕이쳐져 있다. 그뿐인가? 아내도, 자식도, 지금까지 축적한 부도 떠나가 버렸다. 그야말로 비참하기 그지없는 모습이다. 그런데 놀랍게도 하나님께서 땅바닥에 쓰러져 끙끙 앓고 있는 야곱에게 질문을 던지신다.

"그 사람이 그에게 이르되 네 이름이 무엇이냐"(창 32:27a).

하나님은 야곱의 이름을 이미 알고 계시다. 이것은 호적에 있는 이름을 물으시는 것이 아니다. '너의 본질이 무엇이냐? 어떻게 살아 왔느냐?' 하는 질문이다. 초라해진 야곱이 이 질문 앞에 이렇게 대답한다.

"그가 이르되 야곱이니이다"(창 32:27b).

'야곱'은 어떤 뜻인가? "하나님, 나는 일생 동안 이름 그대로 남이 잘 나가면 뒤에서 붙잡고 잡아당기는 삶을 살았습니다. 남을 시기하며 살았습니다. 약탈자입니다. 사기꾼입니다. 술수와 거짓이 가득 찬 삶을 살았습니다. 겉으로는 하나님을 믿는다고 으스댔습니다. 그러나 하나님의 뜻대로 살기보다는 내 기분과 감정대로 살았습니다. 내 배를 채우기 위하여 살았습니다." 바로 이런 고백이 "야곱이니이다"라는 대답 속에 담겨 있다.

그는 지금 단순히 자신의 이름을 그분께 아뢰는 것이 아니다. 이 고백은 자신이 살아온 추악한 인생을 그대로 내어놓고 죄악을 고백하는 것이다. 관절이 어긋난 모습으로, 아무것도 없는 초라한 모습으로 그는 하나님 앞에 자기의 모습을 그대로 내어놓고 있다.

아마도 이 고백을 하면서 야곱은 눈을 감았을 것이다. 왜냐하면 이제 엄위하신 하나님으로부터 나타나는 것은 징계와 형벌과 심판뿐이라는 사실을 알았기 때문이다. 그는 하나님이 공의로우신 분임을 알고 있었다. 그런데 캄캄한 밤에 한참 정신없이 싸우다 보니 상대가 다름 아닌 하나님이신 것이 아닌가. 다시 정신을 차리니 그 순간 음성이 들린다. "야, 네 이름이 무엇이냐?" 이것은 분명 추궁이다. 그 순간 야곱은 하나님으로부터 받을 징계와 채찍, 형벌을 떠올렸다. 다 알고 계시는 하나님 앞에 솔직하지 않을 수 없었다. 그래서 '야곱입니다'라고 한 것이다. 그리고 눈을 감고선 처분을 기다렸다. 그런데 의외의 음성이 들려 왔다.

"그가 이르되 네 이름을 다시는 야곱이라 부를 것이 아니요 이스라엘이라 부를 것이니 이는 네가 하나님과 및 사람들과 겨루어 이겼음이니라"(창 32:28).

"너는 나를 이긴 자라. 너는 이스라엘이라."

진정 놀랍고 기이한 의외의 음성이 아닌가! 우리는 여기서 중요한 진리를 발견해야 한다. 야곱이 언제 이스라엘이 되었는가? 언제 하나님을 이긴 자가 되었는가? 그가 하나님을 이기기 위해서 하나님과 씨름할 때인가? 아니다. 그때는 도리어 관절이 어긋났다. 그러면 언제인가? 자기 자신의 추악한 모습, 빈털터리의 모습, 연약한 모습을 그대로 가지고 나아가 "오, 하나님! 나는 야곱입니다"라고 고백했을 때다. 자신의 모습을 있는 그대로 하나님 앞에 노출시켰을 때다. 바로 그때 오히려 하나님은 '너는 이스라엘, 즉 하나님을 이긴 자'라고 말씀해 주셨다.

> 있는 모습 그대로 있는 모습 그대로
> 있는 모습 그대로 오세요
> 하나님은 당신이 있는 모습 그대로
> 있는 모습 그대로 나오길 원하십니다 - 찬양 '있는 모습 그대로' 중

우리가 죄 없다 하면 그것은 스스로를 속이는 것이다. 그러면 진리가 우리 가운데 거하지 않는다. 그러나 만일 죄를 자백하면 주님은 미쁘시고 의로우사 죄를 사하시며 우리를 모든 불의에서 깨끗하게 해주신다(요일 1:9). 하나님 앞에서 가져야 할 자세는 그분을 붙잡고 내 경험과 지혜와 지식과 물질로 하나님을 이기려고 하는 것이 아니라 추악한 모습을 그대로 가지고 나와서 그분 앞에 엎드리는 것이다. "오, 하나님! 나는 야곱입니다"라고 고백하는 바로 그때에 드디어 '하나님을

이기는 자'가 되는 은총을 맛보게 된다.

하나님을 이긴 자에게는 언제나 큰 은혜와 축복이 나타난다. 어떤 일이 일어나는가? 우선 하나님을 이기고 나면 세상의 그 무엇도, 그 누구도 두렵지 않다. 왜냐하면 하나님을 이겼기 때문이다. 하나님을 이긴 경력을 가지고 있기 때문이다.

허물을 덮고 축복하시는 하나님을 만나다

야곱은 이런 하나님이 너무나 놀라워서 하나님께 질문한다.

"야곱이 청하여 이르되 당신의 이름을 알려 주소서"(창 32:29a).

"하나님, 당신은 도대체 누구십니까?"
야곱이 이렇게 질문한 이유는 무엇인가? 야곱이 그동안 알고 믿어 왔던 하나님과 지금 야곱 앞에 계신 하나님과는 전혀 다른 분이기 때문이다.

야곱이 지금까지 믿어 왔던 하나님은 어떤 분이셨는가? 무섭고 두려운 공의의 하나님, 심판하시는 하나님이셨다. 그런데 그날 밤 얍복강 나루에서 만난 하나님은 전혀 그런 분이 아니셨다. 허벅지 관절이 어긋나 다리를 절어야 하는 상황, 모든 것을 다 잃은 상황에서도 떠나가시지 않고 오히려 그의 곁에서 그와 대화하길 원하시는 하나님, 추악한 허물 앞에서도 그 허물을 더럽다고 하지 않으시고 오히려 져 주시는 하나님, 실수투성이로 일생을 살아왔음에도 안아 주시고 축복해 주시는 하나님, 그런 하나님을 야곱이 만난 것이다. 때문에 그는 외치는 것이다. "하나님, 도대체 당신은 누구십니까?" 이때 하나님은 자신의 이름조차 밝히지 않으시고 행동으로 자신이 누구인지를 보여 주신다.

> "그 사람이 이르되 어찌하여 내 이름을 묻느냐 하고 거기서 야곱에게 축복한 지라"(창 32:29b).

하나님은 야곱을 축복하신다. 그렇다. 그분은 바로 축복의 하나님이시다. 그분은 우리가 실수투성이일지라도, 실패했을지라도, 쓰러져 있을지라도, 아무것도 없는 가난뱅이일지라도, 빈털터리일지라도 우리를 떠나가지 않으신다. 도리어 우리에게 다가오셔서 친구가 되어 주시며 축복해 주시길 원하는 분이시다.

> "내가 너로 큰 민족을 이루고 네게 복을 주어 네 이름을 창대하게 하리니 너는 복이 될지라 너를 축복하는 자에게는 내가 복을 내리고 너를 저주하는 자에게는 내가 저주하리니 땅의 모든 족속이 너로 말미암아 복을 얻을 것이라 하신지라"(창 12:2-3).

Chapter 15

은혜 아니면
살아갈 수 없다

창 33:1~11

휴가철이 다가오면 생생하게 떠오르는 한 사건이 있다. 가족들을 태우고 중부고속도로를 이용해 남쪽으로 내려가고 있었다. 속도는 시속 120킬로미터쯤 되었을까? 그런데 반대편 차선에서 갑자기 사고가 나는 것이 시야에 들어왔다. 트럭과 트럭이 서로 부딪치면서 중앙분리대를 쳐 버렸다. 그 순간 분리대 위에 설치되어 있던 직사각형의 철조망들이 이쪽 차선으로 넘어와 떨어졌다. 눈 깜짝할 사이에 일어난 일이라 내 차는 그냥 철조망 위로 지나갔다. 그 순간 타이어가 찢어졌다. 그러자 브레이크도, 핸들 조작도 전혀 되지 않았다. '아, 사람이 이렇게 죽는구나!'라는 생각에 입에서 절로 "주여!" 하는 절규가 터져 나왔다. 차는 지그재그를 거듭했다. 중앙분리대를 수없이 치고 또 튕겨 나왔다. 뒤에 오는 차에 의해 몇 중

추돌이 일어났다. 이젠 가망이 없구나 생각했다. 뒷좌석에 탄 두 아이의 울부짖는 소리가 귀청을 때렸다.

한참 후, 정신을 차리고 보니 나와 우리 가족이 살아 있었다. 사람들이 차량을 세우고선 몰려들었다. 그들은 "큰 사고가 나는 것을 보고 몇 명이 죽는구나 생각했는데, 당신들은 기적적으로 살아났군요! 하늘이 도왔습니다" 했다. "정말 다행입니다. 조심해서 운전하세요"라며 격려하는 사람도 있었다.

그날의 사건은 그야말로 하나님 은혜의 현장이었다. 첫째는 타이어가 찢어지긴 찢어지되 왼쪽 앞 타이어가 찢어지면서 차가 중앙분리대 쪽으로 휙 돌아 분리대에 부딪쳤고, 그러면서 속도가 계속 줄었던 것이다. 또 하나는 그렇게 많은 차들이 질주하고 있었음에도 지그재그를 거듭하는 내 차를 덮치지 않았다는 것이다. 그야말로 "사망의 음침한 골짜기"(시 23:4)와 "나와 죽음의 사이는 한 걸음 뿐"(삼상 20:3)이라는 성경 말씀을 체험했던 현장이었던 것이다.

이런 유의 사건과 사고의 한 복판에 선 경험이 있는가? 졸음운전, 음주운전, 과속운전으로 생각만 해도 아찔한 순간을 경험한 적은 없는가? 이렇게 볼 때 우리의 하루하루는 기적과 은혜의 연속이다. 내가 살아 있다는 것 자체가 곧 기적이요 하나님의 은혜다.

어디 교통사고뿐이겠는가! 꿈에도 생각하지 않았던 일들이 우리 주변에서 얼마나 많이 일어나고 있는가? 인간이기에 우리는 예외 없이 문제의 산, 풍랑이 이는 바다, 침침하고 깊은 계곡, 황량한 들판을 통과해야 한다. 때문에 이런 우리 앞에 위험과 어려움이 수없이 도사리고 있다. '이제는 끝났구나! 이렇게 끝나나보다. 더 이상 소망이 없구나!' 이렇게 탄식할 때가 얼마나 많은가?

'에서'라는 문제 앞에 서다

야곱이 그랬다. 지금 그는 큰 문제 앞에 봉착해 있다. 에서가 군사들을 거느리고 온다는 소식에 야곱은 '이제 죽었구나! 더 이상 소망이 없구나!' 하는 생각을 하며 두려움으로 벌벌 떨었다.

"사자들이 야곱에게 돌아와 이르되 우리가 주인의 형 에서에게 이른즉 그가 사백 명을 거느리고 주인을 만나려고 오더이다 야곱이 심히 두렵고 답답하여 자기와 함께 한 동행자와 양과 소와 낙타를 두 떼로 나누고"(창 32:6-7).

야곱에게 에서는 지난 20년 동안 마음을 짓눌러 온 문제 중의 문제였다. 멀리멀리 도망을 쳐 보았다. 아내도 여러 명 얻고 자식도 많이 낳아 후원군을 불려도 보았다. 재산도 엄청나게 많이 소유해 보았다. 그러나 이 문제만은 도무지 풀리지 않았다. 에서가 자기를 만나기 위해 온다는 말 한마디에 간담이 녹아내렸다. 그야말로 죽음의 그림자가 드리우기 시작했다. 밤이 되었다. 야곱은 지난 20여 년 동안 혼신의 힘을 쏟아 모았던 모든 것을 다 먼저 보내길 결심한다. 그리고 이를 실천에 옮긴다. 이제 혼자 쓸쓸히 얍복 나루에 앉았다. 엘리야처럼 자살을 심각하게 생각했을지도 모른다.

"자기 자신은 광야로 들어가 하룻길쯤 가서 한 로뎀 나무 아래에 앉아서 자기가 죽기를 원하여 이르되 여호와여 넉넉하오니 지금 내 생명을 거두시옵소서 나는 내 조상들보다 낫지 못하니이다 하고"(왕상 19:4).

이런 엘리야에게 하나님이 나타나셨듯이 야곱에게 갑자기 낯선 한 사람이 나타났다. 그러고는 느닷없이 씨름을 거는 것이 아닌가! 씨름이라고 했지만 앞뒤 정황을 보면 '씨름'이 아니라 '싸움'이다. 그가 죽이려는 듯이 갑자기 야곱을 덮쳤다. 그러자 야곱은 살기 위해서 그 사람과 맞잡고 싸우기 시작했다. 밤새도록 치고받고 뒹굴었다. 시간이 흘러 날이 새려 하는데 자세히 보니 자기가 그 사람을 이기고 있는 것이 아닌가! 더욱 놀라운 것은 훤히 날이 밝아 상대가 도대체 누군지 유심히 살피니 그분이 하나님이 아닌가!

정말 그가 밤새도록 하나님과 싸웠단 말인가? 그리고 그 하나님을 이겼단 말인가? 아니다. 하나님이 그를 한번 탁 치니 허벅지 관절 뼈가 부러지고 말았다. 그러므로 정확한 표현은 '야곱이 이긴 것이 아니라 하나님이 져 주고 계셨다'이다. 하나님이 그 밤에 얻어맞고 터지고 온몸에 상처를 입으셨다. 허벅지 관절 뼈가 부러진 그에게 부탁까지 하신다.

"그가 이르되 날이 새려하니 나로 가게 하라"(창 32:26a).

왜 하나님이 그날 밤에 그렇게도 얻어 터지셨던가? 그러고 난 뒤에 왜 그에게 '하나님을 이긴 사람'이라는 이름을 주셨던가? 바로 에서 때문이었다. 에서 문제로 벌벌 떨고 있는 그에게 자신감과 담대함을 갖도록 하기 위해서였다. 에서를 극복하고 넘어가도록 하기 위해서 말이다. 야곱에게 '하나님도 이겼는데 두려워할 것이 무엇이냐?' 하고 용기를 주신 것이다.

드디어 그 밤이 지나고 날이 밝았다. 문제의 에서가 사백 명을 거느리고 당당하게 나타났다. 하지만 야곱은 더 이상 두려워하지 않았다. 그는 혈혈단신 에서에게로 나아갔다. 마치 골리앗 앞으로 나아갔던 다윗처럼 말이다. 그때 그에게 기적과 같은 일이 일어났다. 자기를 죽이려고 달려오던 에서가 오히려 그를 안고 눈물로 포옹하는 것이 아닌가?

"에서가 달려와서 그를 맞이하여 안고 목을 어긋맞추어 그와 입맞추고 서로 우니라"(창 33:4).

하나님의 은혜를 잊다

진정 이것은 기적이다. 하나님의 은혜다. 사백 명의 군사를 이끌고 달려오던 에서의 마음이 어떻게 이렇게 돌변할 수 있단 말인가? 하나님의 은혜가 아니고는 진정 불가능한 일이다. 때문에 이 사실을 안 야곱의 입에서는 은혜라는 단어가 쉴 새 없이 터져 나왔다. 믿을 수 없는 꿈만 같은 일을 경험하면서 은혜를 외치지 않을 수 없었다.

"에서가 눈을 들어 여인들과 자식들을 보고 묻되 너와 함께 한 이들은 누구냐 야곱이 이르되 하나님이 주의 종에게 은혜로 주신 자식들이니이다"(창 33:5).

"에서가 또 이르되 내가 만난 바 이 모든 떼는 무슨 까닭이냐 야곱이 이르되 내 주께 은혜를 입으려 함이니이다"(창 33:8).

"야곱이 이르되 그렇지 아니하니이다 내가 형님의 눈앞에서 은혜를 입었사오면 청하건대 내 손에서 이 예물을 받으소서 내가 형님의 얼굴을 뵈온즉 하나님의 얼굴을 본 것 같사오며 형님도 나를 기뻐하심이니이다"(창 33:10).

"하나님이 내게 은혜를 베푸셨고 내 소유도 족하오니 청하건대 내가 형님께 드리는 예물을 받으소서 하고 그에게 강권하매 받으니라"(창 33:11).

지금 야곱이 '은혜'를 계속 떠올리며 반복하고 있다. 그런데 첫 번째 은혜는 누구의 은혜를 언급하는 것인가?(창 33:5) 하나님의 은혜다. 두 번째 은혜는 누구의 은혜인가?(창 33:8) 형 에서의 은혜다. 세 번째 은혜는 어떤 은혜, 네 번째 은혜는 누구의 은혜를 언급하는가?(창 33:10-11)다시 한 번 하나님의 은혜, 에서의 은혜다. 그렇다. 지금 야곱은 하나님의 은혜, 형 에서의 은혜를 다시 한 번 반복하고 있다.

그가 에서에게서 받은 은혜는 무엇인가? 자기를 죽일 줄 알았는데 뜻밖에도 죽이지 않고 살려 준 은혜다. 야곱은 이 은혜에 감격한다. 그래서 어떻게 반응하는가?

"야곱이 이르되 그렇지 아니하니이다 내가 형님의 눈앞에서 은혜를 입었사오면 청하건대 내 손에서 이 예물을 받으소서 내가 형님의 얼굴을 뵈온즉 하나님의 얼굴을 본 것 같사오며 형님도 나를 기뻐하심이니이다 하나님이 내게 은혜를 베푸셨고 내 소유도 족하오니 청하건대 내가 형님께 드리는 예물을 받으소서 하고 그에게 강권하매 받으니라"(창 33:10-11).

야곱은 자신의 재산을 아낌없이 에서에게 내놓는다. 도무지 아까워하지 않는다. 형이 받지 않으려해 오히려 강권하면서 예물을 내어 놓는다. 정말 기쁜 마음으로 풍성하게 예물을 내어놓는다.

그러면 하나님이 야곱에게 베푼 은혜는 무엇인가? 20년 전 그가 형의 칼날을 피하여 도망칠 때 광야에서 하나님이 나타나셨다. 그리고 말씀하셨다.

"내가 너와 함께 있어 네가 어디로 가든지 너를 지키며 너를 이끌어 이 땅으로 돌아오게 할지라 내가 네게 허락한 것을 다 이루기까지 너를 떠나지 아니하리라 하신지라"(창 28:15).

그때 야곱은 서원하며 이렇게 말한다.

"야곱이 서원하여 이르되 하나님이 나와 함께 계셔서 내가 가는 이 길에서 나를 지키시고 먹을 떡과 입을 옷을 주시어 내가 평안히 아버지 집으로 돌아가게 하시오면 여호와께서 나의 하나님이 되실 것이요"(창 28:20-21).

그리고 그 하나님은 광야 길에서 그와 함께하시면서 죽을 고비를 수없이 넘길 때마다 지키시고 인도하시며 보호해 주셨다. 평안히 집으로 돌아오게까지 하셨다. 이 사실을 야곱이 깨달았다. 그래서 고백한다.

"나는 주께서 주의 종에게 베푸신 모든 은총과 모든 진실하심을 조금도 감당할 수 없사오나 내가 내 지팡이만 가지고 이 요단을 건넜더니 지금은 두 떼나 이루었나이다"(창 32:10).

에서의 은혜는 물론 크다. 그래서 물질을 아낌없이 형에게 드렸다. 그런데 하나님의 은혜에 대해 어떻게 반응하는가? 특히 지난밤 홀로 쓸쓸히 얍복 나루에 남아 자포자기하고 있을 때, 그때 자신감을 얻도록 밤새도록 실컷 얻어터지시며, 내동댕이쳐지고 짓밟히신 그 하나님의 은혜에 대해서는 어떻게 반응하는가?

"야곱은 숙곳에 이르러 자기를 위하여 집을 짓고 그의 가축을 위하여 우릿간을 지었으므로 그 땅 이름을 숙곳이라 부르더라 야곱이 밧단아람에서부터 평안히 가나안 땅 세겜 성읍에 이르러 그 성읍 앞에 장막을 치고 그가 장막을 친 밭을 세겜의 아버지 하몰의 아들들의 손에서 백 크시타에 샀으며 거기에 제단을 쌓고 그 이름을 엘엘로헤이스라엘이라 불렀더라"(창 33:17-20).

큰 폭풍우가 지나갔다. 죽는 줄 알았는데 살아났다. 그래서 '은혜'를 떠올린다. 형님의 은혜가 생각난다. 사실 별 것 아닌 은혜다. 그럼에도 불구하고 형 에서에 대해서는 감격스러워하며 엄청난 예물을 내어놓는다. 400명의 군사에 의해 잡혀 죽는 줄 알았는데 살았기 때문이리라! 그런데 정작 하나님의 은혜에 대해서는 어떻게 반응하는가? 아무것도 없다. 입술로는 '나는 주께서 주의 종에게 주신 모든 은총을 감당할 수 없습니다. 내가 지팡이 하나만 가지고 이 요단을 건넜었는데 지금 이렇게 큰 거부가 되었습니다'(창 32:10) 하고 고백은 했다. 하지만 이에 상응한 그 어떤 액션도 취하지 않는다. 오로지 '자기'를 위하여 집을 짓고 '자기 짐승'을 위해서 우릿간을 짓고 땅 투기하는 일에 전념할 뿐이다.

분명 그는 20년 전 서원을 했다. 벧엘 광야에서 하나님의 집을 세우고 십일조를 드리겠다고 자원하여 약속을 올렸다. 그런데 문제가 다 해결되고 나니 딴청을 부린다. 전혀 딴 사람으로 변해 버린다. 눈앞에 있는 형에게는 엄청난 예물을 갖다 바치면서도 눈에 보이지 않는 하나님의 은혜, 그 하나님과의 약속은 저 뒷전으로 밀려가 버리고 말았다. 숙곳이 어딘가? 가나안 땅이 아니다. 하나님께서 선조 아브라함을 통해 '영원히' 주시겠다는 그 땅이 아니다. 그런데 그는 그곳에 머물기로 작정하고 있다. 땅을 샀다는 것, 집을 짓고, 우릿간을 만들었다는 것은 이를 증명하는 태도이다.

물론 그가 제단을 쌓기는 했다. 또한 '엘엘로헤이스라엘'이라고 소리 높이기도 했다. 이 말은 '하나님, 하나님, 이스라엘의 하나님'이란 뜻이다. 겉으로 볼 때 야곱은 신앙에서 떠나지 않은 듯해 보인다. 그러나 야곱은 인생의 위기를 넘기고 평안해지니 철저히 자기중심, 세상

중심, 물질 중심의 사람으로 바뀌어 버렸다.

하나님이 생명을 연장해 주셨다. 지금까지 그의 걸음을 지켜 주셨다. 가족, 물질을 주셨다. 그런데 하나님이 베푸신 은혜에 대해 감사가 전혀 없다. 하나님의 은혜는 자기 집보다, 아니 짐승들의 우릿간보다, 밭 한 떼기보다 더 못한 것으로 전락하고 말았다. 누가복음 17장에 등장하는 아홉 명의 나병환자들처럼 말이다.

잊어도 되는 은혜는 없다

야곱 스토리는 어떻게 전개되는가? '디나 사건'이 터진다. 무려 한 장에 걸쳐서 자세하게 언급하고 있다. 그냥 뛰어 넘어가지 말라는 뜻이다. 야곱의 사랑하는 딸이 동네에 나갔다가 그곳 이방 남자에게 성추행을 당한다.

> "레아가 야곱에게 낳은 딸 디나가 그 땅의 딸들을 보러 나갔더니 히위 족속 중 하몰의 아들 그 땅의 추장 세겜이 그를 보고 끌어들여 강간하여 욕되게 하고"(창 34:1-2).

야곱의 자녀는 모두 몇 명이었을까? 열두 명이었을까? 분명한 것은 아들만 열두 명이었다. 딸은 없었을까? 분명 있었을 것이다. 몇 명이었을까? 혹시 디나가 유일한 딸은 아니었을까? 그 딸이 백주에 강간을 당하는 뜻밖의 사건이 터진다. 우연일까? 결코 우연이 아니다.

놓치지 말아야 할 것은 이 '디나 사건'이 숙곳에 터를 잡은 후에 일어났다는 것이다. 그렇다면 이 사건이 하나님의 은혜와 깊은 연관이 있는 것은 아닐까? 은혜를 쏟아 버리고 저버리는 자에게 어떤 일이 일어나는지를 보여 주는 것은 아닐까?

야곱은 이제 하나님, 더 나아가 그분의 은혜가 필요 없다고 생각했다. 그러나 그것은 착각이었다. 그에게는 더 큰 은혜가 필요했다. 그런데 마치 은혜가 없어도 살아갈 수 있는 자처럼 행동하고 있다.

내 안에는 이런 성향은 없는가? 칠흑같이 어둡고 캄캄한 길을 갈 땐 하나님께 매달린다. 수없이 약속을 하고 또 약속을 한다. 문제를 안고서 진통하며 괴로워할 때에는 하나님을 붙잡는다. 그분께 전심으로 매달린다. 정말 간절하게 부르짖는다. 서원기도까지 드린다. 그러나 일단 그 문제가 해결되고 나면 그 약속들을 잊어버린다. 그러고는 아무 일도 없었던 것처럼 옛 생활로 돌아가 버린다. 자녀가 하나님의 은혜로 원하던 대학에 들어갔는가? 이제는 그 아이에게 하나님은 더 이상 필요 없는 존재인가? 사업이 번창하고 잘 되는가? 그래서 이제 하나님의 은혜를 잊어도 되는가? 건강한 나에게, 내 가족들에게 하나님의 은혜가 더 이상 필요 없는가? 하나님 없이도 살 수 있는가?

지금까지 지내 온 것은 전적으로 하나님의 은혜다. 오늘의 내가 있게 된 것도 하나님의 은혜다. 더 중요한 것은 지금까지 받은 은혜보다 앞으로 더욱더 하나님의 은혜가 필요한 존재라는 사실이다. 아니 이전보다 더 큰 은혜가 필요한 자들이다. 그러므로 하나님과의 약속을 무겁게 생각해야 한다.

"네가 하나님께 서원하였거든 갚기를 더디게 하지 말라 하나님은 우매한 자들을 기뻐하지 아니하시나니 서원한 것을 갚으라 서원하고 갚지 아니하는 것보다 서원하지 아니하는 것이 더 나으니"(전 5:4–5).

"감사로 하나님께 제사를 드리며 지존하신 이에게 네 서원을 갚으며 환난 날에 나를 부르라 내가 너를 건지리니 네가 나를 영화롭게 하리로다"(시 50:14–15).

"그러므로 우리는 긍휼하심을 받고 때를 따라 돕는 은혜를 얻기 위하여 은혜의 보좌 앞에 담대히 나아갈 것이니라"(히 4:16).

"여호와께서 이르시되 내가 내 모든 선한 것을 네 앞으로 지나가게 하고 여호와의 이름을 네 앞에 선포하리라 나는 은혜 베풀 자에게 은혜를 베풀고 긍휼히 여길 자에게 긍휼을 베푸느니라"(출 33:19).

"우리가 하나님과 함께 일하는 자로서 너희를 권하노니 하나님의 은혜를 헛되이 받지 말라"(고후 6:1).

맥추감사절, 추수감사절은 하나님의 은혜를 기억하는 날이다. 출애굽한 광야의 이스라엘 백성은 매일이 기적과 은혜의 연속이었다. 그럼에도 그들은 하나님의 은혜를 기억하지 않고 감사하지 않았다. 이런 저들에게 하나님께서 주신 명령이 무엇인가?

"네 하나님 여호와 앞에 칠칠절을 지키되 네 하나님 여호와께서 네게 복을 주신 대로 네 힘을 헤아려 자원하는 예물을 드리고 너와 네 자녀와 노비와 네 성중에 있는 레위인과 및 너희 중에 있는 객과 고아와 과부가 함께 네 하나님 여호와께서 자기의 이름을 두시려고 택하신 곳에서 네 하나님 여호와 앞에서 즐거워할지니라"(신 16:10-11).

"맥추절을 지키라 이는 네가 수고하여 밭에 뿌린 것의 첫 열매를 거둠이니라 수장절을 지키라 이는 네가 수고하여 이룬 것을 연말에 밭에서부터 거두어 저장함이니라"(출 23:16).

"칠칠절 곧 맥추의 초실절을 지키고 세말에는 수장절을 지키라"(출 34:22).

우리에게 계속하여 하나님의 은혜가 필요하다면 그 은혜를 받을 수 있는 자가 되어야 한다. 사도 바울의 말처럼 "하나님의 은혜를 헛되이 받지 말"(고후 6:1)아야 한다.

오늘 우리에게는 야곱이라는 옛 본성이 여전히 남아 있다. 힘들고 어려울 때 하나님을 찾고 기도하지만 그 문제가 해결되고 난 뒤에는 마치 내 힘과 노력과 지혜와 부지런함으로 오늘의 나를 이룬 것처럼 하나님의 은혜를 잊어버리고 야곱처럼 행동할 때가 많다. 내 곁의 사람이 베푸는 조그마한 호의 앞에서는 온갖 호들갑을 떨지만, 하나님이 끊임없이 지속적으로 베풀어 주시는 은혜에 대해서는 눈을 감아 버리는 어리석음을 더 이상 범치 말아야 한다.

"그러나 내가 나 된 것은 하나님의 은혜로 된 것이니 내게 주신 그의 은혜가 헛되지 아니하여 내가 모든 사도보다 더 많이 수고하였으나 내가 한 것이 아니요 오직 나와 함께하신 하나님의 은혜로라"(고전 15:10).

Chapter 16

중간에 안주할 때
위기는 시작된다

창 34:1~7

로날드 레이건Ronald Wilson Reagan 대통령 시절, 당시 이스라엘의 수상 베긴Begin이 백악관을 방문한 적이 있다. 그가 레이건 대통령의 집무실에 들어가 보니 붉은색과 은색, 그리고 금색의 전화기가 있었다. 베긴 수상이 물었다.

"이 색깔이 다른 세 대의 전화기를 각각 어떤 용도로 쓰십니까?"

"예, 여기 붉은색 전화기는 소련(러시아)과 전화할 때 쓰는 것이고, 은색 전화기는 일반적인 통화를 할 때 사용합니다. 특별히 이 금색 전화기는 하나님과 통화할 때 사용합니다."

베긴 수상이 다시 물었다.

"하나님과 통화하시려면 전화비가 많이 나오겠네요?"

그러자 레이건 대통령은 "예, 그렇지요. 한 통화에 1만 달러 정도는 될 것입니다"라고 했다.

얼마 후 베긴 수상이 레이건 대통령을 이스라엘로 초청했다. 베긴 수상의 집무실에도 색깔이 다른 세 대의 전화기가 있었다. 그래서 레이건 대통령은 전에 있었던 일을 떠올리며 "여기 이 붉은색 전화기는 공산국가와 통화할 때 사용하실 테고, 은색은 우방이나 업무 관계로 통화할 때, 또 저기 금색의 전화기는 하나님과 통화할 때 사용하시겠군요. 그런데 여기서 하나님과 통화하려면 요금은 얼마나 듭니까?" 하고 물었다. 베긴 수상은 빙그레 웃으면서 대답했다.

"1센트밖에 들지 않습니다."

깜짝 놀란 레이건 대통령은 "아니, 어떻게 요금이 그렇게 쌀 수 있지요?"라고 물었다. 그러자 베긴은 "미국의 하나님은 너무 멀리 계시기 때문에 한 통화에 1만 달러나 나오지만 이스라엘의 하나님은 아주 가까운 곳에 계시기 때문에 요금이 싼 것이지요"라고 했다고 한다.

물론 우스갯소리다. 그러나 이 이야기에는 뼈가 담겨 있다.

"너희는 여호와를 만날 만한 때에 찾으라 가까이 계실 때에 그를 부르라 악인은 그의 길을, 불의한 자는 그의 생각을 버리고 여호와께로 돌아오라 그리하면 그가 긍휼히 여기시리라 우리 하나님께로 돌아오라 그가 너그럽게 용서하시리라"(사 55:6-7).

나와 하나님은 어느 정도 거리인가? 내가 찾고 부를 때에 당장 달려오셔서 이야기를 들어 주실 수 있을 정도인가? 아니면 너무 멀리 계셔서 아무리 부르짖고 또 불러 봐도 응답도 없고 만날 수도 없는 그런 곳에 계신가?

하나님을 바로 알아 가는 것, 그게 믿음의 경주다

『지식의 최전선』이란 책을 읽어보았는가? 한국의 내로라하는 50여 명의 석학이 70여 개의 주제들을 각각의 분야에서 다룬 책으로, 급변하는 현대를 살아가는 우리에게 중요한 메시지를 주고 있다. 이 책의 중심 주제는 과학의 눈부신 발전이다. 그중에서도 생명과 우주를 다루고 있다. 사실 이 두 주제는 창조주 하나님과 깊은 연관을 가지고 있다. 그런데 이 책에서는 과학이 얼마 안 있어 하나님을 뛰어넘을 수 있을 것처럼 이야기하며 흥분하고 있다. 그러나 과학이 발달하면 발달할수록 하나님의 위대하심과 무한하심에 머리를 조아리지 않을 수 없게 된다. 예를 들어, 현재 인간이 관측할 수 있는 가장 먼 천체는 퀘이사$_{Quasar}$라는 은하계이다. 이 은하계는 무려 100억 광년이나 멀리 떨어진 곳에 있다. 1광년은 빛이 1년 동안 진행하는 거리이다. 빛은 1초 동안에 지구를 일곱 바퀴 반 정도 돈다고 한다. 그 빠른 빛이 무려 100억 년이란 시간이 흘러야 지구에 도착할 수 있는 거리가 100억 광년이다.

하나님께서는 이렇게 광대한 우주를 창조하셨다. 그뿐만 아니라 이 광활한 우주를 주관하시며 다스리고 계신다. 그런데 지구라는 조그만 땅덩이 한구석에서 100년도 채 살지 못하고 흙으로 돌아가야 하는 인간이 하나님을 다 안다는 것과 하나님을 뛰어넘을 수 있다고 생각하는 것은 교만 중의 교만이 아닐 수 없다.

　스티븐 호킹Stephen Hawking, 1942.1-2018.3이 76세로 타계했다. 그는 천체 물리학계의 천재, 아인슈타인 이후 최고의 과학자라고 불린다. 아인슈타인의 환생이 아니냐는 말도 있다. 심지어 중국에서는 그를 신의 반열에 까지 올려놓았다. 그는 21세에 발병한 루게릭 병으로 5년 이상 살 수 없다는 사형선고를 받았으면서도 삶을 포기하지 않았다. 스물네 살에 발표한 박사 논문 '블랙홀' 이론으로 세계 물리학계에 충격파를 던졌다. 시한부 인생을 포기하지 않고 오히려 적극적, 도전적인 나날을 보냈다. 하루하루 최선을 다하여 그 누구도 추종할 수 없는 업적을 쌓은 것은 진정 놀랍다. 전 세계가 추모하는 것은 어쩌면 당연하다. 하지만 그는 노벨상은 받지 못했다. 최고의 천재 물리학자였는데 말이다. 이상하지 않는가? 노벨상위원회는 엄격했다. 그의 이론이 대부분 실험적인 검증이 불가능해 노벨상의 규정을 충족시키지 못했기 때문이다.

　이 호킹의 물리학은 두 가지의 바탕 위에서 출발했다.

　첫째, 창조주는 없다. 특히 기독교에서 말하는 하나님이란 신은 없다.

　"우주를 설명하기 위해 굳이 신이라는 존재를 상상할 필요는 없다. 과학은 창조자의 도움 없이 우주를 설명할 수 있다."

　둘째, 사후세계는 없다. 그는 지난 2011년 5월, 영국 일간지 가디언과의 인터뷰에서 '사후세계'에 대해 이렇게 말했다.

　"천국이나 사후세계는 실재하지 않는다. 마지막 순간 뇌가 깜빡거림을 멈추면 그 이후엔 아무것도 없다. 뇌는 부속품이 고장 나면 작동을 멈추는 컴퓨터다. 고장 난 컴퓨터를 위해 마련된 천국이나 사후세계는 없다."

철저한 공산주의자였던 어머니의 영향을 입어서일까? 아니면 "신이 있는지 없는지 모를 때가 더 행복하다"고 말했던 파스칼 Blaise Pascal 의 영향을 입었기 때문일까?

그는 지금 무척이나 당황할 것이다. "호킹님, 무척 당황하셨군요." 천사들이 이렇게 말하는 모습이 보이는 것 같다. 너무나 놀라운 일이 눈앞에 펼쳐지고 있기 때문이다. 그가 그렇게 자신만만하게 외쳤는데 하나님이 계시며, 죽음 후의 세계가 펼쳐지고 있는 사실 때문에 말이다. 그는 우리가 보지 못하는 100억 광년 너머의 천체세계를 우리에게 알려 줬다. 하지만 정작 인생이 꼭 알아야 할 가장 중요한 것은 알지 못했다. 인생이 어디로부터 왔는지, 어디로 가는지, 그래서 이 땅에 머무는 동안 무엇을 해야 하는지는 알지 못했다. 그러다가 죽음을 맞이했다. 지금 그의 영혼이 어디에 있는지는 모른다. 하지만 그는 분명 놀라고 있을 것이다. 하나님이 계시다는 것, 죽음 후의 세계가 이렇게 펼쳐지고 있다는 엄연한 사실 때문에 말이다(요 5:28-29).

신앙생활이란 무엇인가? 창조주 하나님을 바로 알아 가는 것이다. 그래서 그 하나님의 깊이와 넓이와 높이와 길이가 어떠함을 아는 것이 곧 신앙생활이다(엡 3:19). 하나님을 바로 알면 알수록 그분 앞에 머리를 조아리며 겸손해질 수밖에 없다(눅 5:8).

어떻게 하면 하나님을 바로 알 수 있을까? 간단하다. 하나님을 자주 만나야 한다. 더 중요한 것은 만나되 가까이에서 만나야 한다. 그러면 이 하나님을 자주, 가장 가까이에서 만난 사람은 누구일까? 바로 야곱이다. 야곱만큼 하나님을 가까이에서 만난 사람도 없다. 하나님을 붙잡고 씨름까지 했던 유일한 사람이기 때문이다.

"하나님께 가까이 함이 내게 복이라 내가 주 여호와를 나의 피난처로 삼아 주의 모든 행적을 전파하리이다"(시 73:28).

"너희는 여호와를 만날 만한 때에 찾으라 가까이 계실 때에 그를 부르라"(사 55:6).

"하나님을 가까이하라 그리하면 너희를 가까이하시리라 죄인들아 손을 깨끗이 하라 두 마음을 품은 자들아 마음을 성결하게 하라"(약 4:8).

그러나 조금 더 솔직해지자. 정확하게 말한다면 그가 하나님을 만난 것이 아니라 하나님께서 야곱을 만나 주셨다. 그가 하나님을 붙잡은 것이 아니라 하나님이 그에게 붙잡혀 주셨다. 왜 하나님께서 야곱에게 나타나 주시고 붙잡혀 주시고 내동댕이침을 당하셨을까? 이유는 간단하다. 하나님께서 어떤 분이시란 것을 알려 주시기 위해서다. 야곱을 통해서 우리 모두에게 하나님이 어떤 존재이신지를 알려 주시려고 한 것이다.

하나님의 뜻은 숙곳이 아니라 벧엘이다

야곱은 그야말로 오랜만에 꿀맛 같은 평안을 맛보고 있다. 숙곳이라는 곳에서 말이다. 하나님께서 그를 순적하게 인도하셨고 축복하사 부요하게 하셨다. 그뿐만 아니라 오랫동안 풀지 못했던 형과의 문제도 하나님의 방법으로 풀어 주셨다. 이제 더 이상의 장애물은 없다. 아무런 염려와 근심이 없다. 이럴 때 사람들은 대체적으로 어떤 반응을 보이는가? 누가복음 12장 16절 이하에 나오는 부자와 같이 되기 쉽다.

"또 비유로 그들에게 말하여 이르시되 한 부자가 그 밭에 소출이 풍성하매 심중에 생각하여 이르되 내가 곡식 쌓아 둘 곳이 없으니 어찌할까 하고 또 이르되 내가 이렇게 하리라 내 곳간을 헐고 더 크게 짓고 내 모든 곡식과 물건을 거기 쌓아 두리라 또 내가 내 영혼에게 이르되 영혼아 여러 해 쓸 물건을 많이 쌓아 두었으니 평안히 쉬고 먹고 마시고 즐거워하자 하리라 하되"(눅 12:16-19).

부자는 곡식이 풍성했다. 창고가 차고 넘쳤다. 고민이 있을 리 없다. 있다면 창고가 부족하다는 것 뿐 이었다. 그래서 곳간을 헐어 더 크게 짓고 곡식을 쌓아 두며 평안히 쉬고 먹고 마시고 즐기자고 한다. 한마디로 자기중심적이고 세상적이며 이기적인 심중이 그대로 표출되고 있다.

야곱도 예외가 아니었다. 하나님께서 그의 문제를 해결해 주시고 풍요함을 누리게 하셨을 때에 그는 우선순위를 철저히 자기에게 두고 있다. 자기를 위하여 집을 짓고, 짐승들을 위하여 우리를 만들고, 돈을 투자하여 땅을 샀다(창 33:17). 어제의 야곱, 기도하던 야곱이 아니다.

하나님을 붙잡고 축복해 주시지 않으면 떠나보내지 않겠다고 울부짖던 그 야곱이 아니다(창 32:26). 의도적으로 하나님과의 일을 잊어버리려 하면서 자기를 위한 삶에 집착하고 있다.

이런 야곱에게서 발견하는 것이 무엇인가? 그는 지난 20여 년 동안 북쪽의 하란에서 살았다. 그곳에서 그는 아내와 자식을 얻었고 부자가 되었다. 그런데 성경을 보면 야곱이 거기서 집을 지었다는 표현은 없다. 밭을 샀다는 흔적도 없다. 이것은 무엇을 의미할까? 그가 하란 땅에서는 뿌리를 내리고 살 의지가 없었다는 것을 보여 주는 것이다. 그런데 숙곳에 와서는 자기를 위하여 집과 우리를 짓고 밭을 샀다. 이것은 나그네 생활을 청산하고 정착하겠다는 의지의 표현이다.

그 숙곳이 어디인가? 중동 지도를 보면 서쪽에는 지중해와 가나안 땅이 있다. 이 가나안 땅의 동쪽 경계는 물론 요단 강이다. 위로 북쪽에는 갈릴리 바다가 있으며 남쪽에는 사해가 있다. 갈릴리 바다와 사해 사이를 흐르는 강이 바로 요단 강이다. 얍복 강은 어디쯤 위치해 있는가? 갈릴리에서 사해로 흐르는 요단 강의 중간쯤 되는 부분에 위치해 있다. 요르단에서 요단강으로 흘러들어 오는 지류 강이다. 요단 강의 샛강이다. 숙곳은 바로 이 강의 북쪽에 위치해 있다. 야곱과 그의 가족들은 이 얍복 나루를 건넜다.

> "밤에 일어나 두 아내와 두 여종과 열한 아들을 인도하여 얍복 나루를 건널 새 그들을 인도하여 시내를 건너가게 하며 그의 소유도 건너가게 하고"(창 32:22-23).

물론 야곱도 얍복 나루의 사건 후 이 강을 건넜다. 그리고 에서를 만난 것이다. 그의 여정은 이러했다. 북쪽에 위치한 하란으로부터 출발했다. 그리고 '얍복 나루'를 건넜다. 이것은 그가 가나안 땅으로 바로 들어오지 않고 갈릴리 바다 오른쪽으로 우회하여 얍복 나루에 도달했음을 암시한다. 그리고 그는 식솔과 모든 소유물을 먼저 얍복 강 남쪽, 모압 땅으로 보냈다. 그리고 혼자 얍복 강 나루에 남았던 것이다.

그런데 본문은 그가 숙곳에 자기 집, 짐승을 위한 우리를 마련한 것으로 나온다. 그렇다면 그가 문제가 다 해결되고 난 뒤에 다시 얍복 강을 건너 북쪽으로 갔다는 뜻이다. 창세기 33장 18절에 보면 물론 숙곳도 넓은 의미에서 가나안 땅이라고 할 수 있다. 하지만 엄밀히 따진다면 그곳은 하나님이 말씀하신 가나안 땅의 범주에 들어가지 않는다. 가나안은 요단 강 서쪽이다. 그 가나안 땅을 아브라함에게 주셨다. 그리고 그와 그의 후손들이 영영히 살게 될 것이라고 하셨다.

"롯이 아브람을 떠난 후에 여호와께서 아브람에게 이르시되 너는 눈을 들어 너 있는 곳에서 북쪽과 남쪽 그리고 동쪽과 서쪽을 바라보라 보이는 땅을 내가 너와 네 자손에게 주리니 영원히 이르리라"(창 13:14-15).

그러니까 그 땅은 아브라함과 이삭과 야곱에게 주신 땅이다. 그곳에 예루살렘이 있다. 그곳에 실로가 있으며, 베들레헴, 헤브론이 있다. 숙곳은 가나안 땅의 변방에 지나지 않는다. 그런데 야곱이 그곳으로 다시 갔다는 것은 무엇을 의미하는가? 그가 옛날의 생활로 돌아갔다는 뜻이다. 물론 그는 그곳에서 단을 쌓는다. 하지만 그것은 형식적인 것이다. 변방에서 적당히 신앙생활을 하면서 자기를 위한 삶을 영위하고자 뿌리를 내리려고 하는 것이다. 이는 하나님께서 기뻐하시는 태도가 결코 아니다. 야곱을 향하신 하나님의 소원은 무엇인가?

"내가 너와 함께 있어 네가 어디로 가든지 너를 지키며 너를 이끌어 이 땅으로 돌아오게 할지라 내가 네게 허락한 것을 다 이루기까지 너를 떠나지 아니하리라 하신지라"(창 28:15).

여기 '이 땅'은 어디인가? 가나안 땅이다. 야곱이 그 가나안으로 돌아와야 한다는 말씀이다. 그 땅에 '벧엘'이 있다. 그래서 "일어나 벧엘로 올라가라"고 말씀하신다(창 35:1). 하나님의 소원은 '숙곳'이 아닌 '벧엘'이다. 그 벧엘로 올라가는 것이 하나님의 뜻이다. 그런데 야곱은 숙곳에 머물러 있다. 학자들은 창세기 33장과 34장 사이의 간격을 약 10년으로 보고 있다. 그 기간 동안 아무 일도 일어나지 않았다. 겉으로 볼 때 그는 믿음으로 산 것처럼, 하나님을 기쁘시게 한 것처럼 보인다. 그의 삶이 평탄했기 때문이다.

야곱의 하나님은 어떤 분이신가? 허물 많고 연약한 우리를 기대하시고 기다리시며 은총 베풀기를 원하시는 하나님이시다. 때문에 야곱은 하나님의 뜻과는 거리가 먼 생활을 하고 있음에도 평안했던 것이다. 하지만 그것이 하나님의 징계의 한 방편일 수도 있음을 놓치지 말아야 한다.

바울은 이 사실을 우리에게 알려준다. 그것은 '버려두시는 징계'라고 말이다.

> "그러므로 하나님께서 그들을 마음의 정욕대로 더러움에 내버려 두사 그들의 몸을 서로 욕되게 하게 하셨으니"(롬 1:24).
>
> "이 때문에 하나님께서 그들을 부끄러운 욕심에 내버려 두셨으니 곧 그들의 여자들도 순리대로 쓸 것을 바꾸어 역리로 쓰며"(롬 1:26).
>
> "또한 그들이 마음에 하나님 두기를 싫어하매 하나님께서 그들을 그 상실한 마음대로 내버려 두사 합당하지 못한 일을 하게 하셨으니"(롬 1:28).

나는 어떠한가? 혹시 야곱처럼 숙곳에 집 짓고, 우리를 마련하고, 땅을 마련하고 있지는 않은가? 가급적 교회 안으로 들어오려고 하지 않는다. 부담스러운 신앙생활은 하지 않으려고 한다. 하나님과의 약속들을 의도적으로 지워 버리려고 한다. 그런데 그런 우리에게는 어떤 일도 일어나지 않고 있다. 아니 하는 일마다 잘되고 있다. 왜 일까? '그럼에도 불구하고' 은혜 때문은 아닐까?

하나님이 다루시는 때가 있다

하지만 하나님이 언제까지나 기다리지는 않으신다. 창세기 34장이 이를 증명한다. 하나님은 인내하시면서 야곱이 제자리를 찾아 돌아오기를 기다리고 기다리셨다. 하지만 야곱은 숙곳에 주저앉아 도무지 일어날 생각이 없다. 그래도 하란은 떠났다. 하지만 모든 문제가 다 해결된 지금 숙곳에서 천년만년 살 것처럼 행동한다. 이때 하나님은 풍랑을 일으키기 시작하신다. 야곱의 딸 '디나'가 전면에 부각된다. 딸이 이방인인 히위 족속 하몰의 아들 세겜에게 강간을 당하는 어처구니없는 일이 일어난다. 전혀 예기치 못했던 일이 그곳에서 일어난 것이다.

"그들이 이르되 그가 우리 누이를 창녀 같이 대우함이 옳으니이까"(창 34:31).

디나가 창녀같이 취급받는 상황이 벌어지자 야곱과 그의 아들들은 격분하였다. 이 사건으로 평탄했던 가정은 큰 근심에 휩싸이게 되었고, 드디어 피비린내 나는 살육으로 이어졌다.

야곱 일가는 거룩하게 행해져야 하는 할례 예식을 이용하여 복수를 하기에 이른다. 세겜 족속에게 디나를 주는 조건으로 할례를 행하도록 유도하고, 저들이 상처로 인해 고통스러워할 때에 모두 살해해 버렸다.

"제삼일에 아직 그들이 아파할 때에 야곱의 두 아들 디나의 오라버니 시므온과 레위가 각기 칼을 가지고 가서 몰래 그 성읍을 기습하여 그 모든 남자를 죽이고 칼로 하몰과 그의 아들 세겜을 죽이고 디나를 세겜의 집에서 데려오고 야곱의 여러 아들이 그 시체 있는 성읍으로 가서 노략하였으니 이는 그들이 그들의 누이를 더럽힌 까닭이라"(창 34:25-27).

복수는 복수를 불러일으키게 마련이다. 그래서 야곱 일가는 거꾸로 그 땅 사람들에게 쫓기는 신세가 되어 버렸다. 형 에서와 화해한 이후 평안을 누리며 정착을 추구했던 야곱 가정에 폭풍이 몰아닥친 것이다. 이것은 분명 그곳에 눌러앉으면 안 된다는, 하나님이 야곱에게 내리는 경고장이다.

오늘도 마찬가지다. 하나님께서는 물론 기다려 주신다. 하지만 언제까지나 방치하지는 않으신다. 때가 되면 분명 작업을 시작하신다. 돌아와야 할 자기 자녀가 돌아오지 않을 때 그분은 기필코 훈련장으로 끌어내신다. 왜냐하면 방치하는 것은 사랑이 아니기 때문이다. 진정한 사랑은 자녀가 잘못을 깨닫게 하고 일어서도록 만드는 것이다. 그분은 '독수리 하나님'이시다.

모세는 이 하나님을 만났다. 그는 80세가 될 때까지 광야에서 하나님으로부터 혹독한 훈련을 받았다. 이때 모세가 만났던 하나님이 독수리 하나님이셨다. 그래서 그는 이스라엘 백성에게 유언을 남길 때도 독수리 하나님을 소개했다.

> "마치 독수리가 자기의 보금자리를 어지럽게 하며 자기의 새끼 위에 너풀거리며 그의 날개를 펴서 새끼를 받으며 그의 날개 위에 그것을 업는 것 같이 여호와께서 홀로 그를 인도하셨고 그와 함께 한 다른 신이 없었도다"(신 32:11-12).

이 독수리 하나님을 지금 야곱이 만나고 있는 것이다. 하나님께서 딸 디나를 통하여 야곱에게 독수리 훈련을 시키고 계신다. 독수리는 아무나 함부로 접근하지 못하는 높은 절벽이나 벼랑에다 둥지를 틀고 그 안을 자기의 털이나 부드러운 물질로 채운다. 그리고 그곳에 알을 낳고 기른다. 난공불락의 요새와 같은 둥지에서 어린 새끼들은 일정 기간 행복한 나날을 보낸다. 그런데 이 기간이 지나면 어미 독수리는 날개를 펄럭이면서 보금자리에 있는 새끼들을 못살게 굴기 시작한다. 신명기 말씀대로 보금자리를 어지럽게 한다. 더 나아가 가시나무 가지 같은 것을 둥지에 집어넣어 새끼들이 찔리도록 하거나 아예 가장자리로 몰아낸다. 결국 새끼들은 그 둥지에서 사는 것을 포기하고 기어 나올 수밖에 없다. 어미 독수리는 여기에서 멈추지 않는다. 둥지에서 기어 나온 새끼를 3미터가 넘는 긴 날개 위에 얹고선 저 높은 창공으로 날아 올라간다. 그러고는 겁에 질려 웅크리고 있는 새끼를 사정없이 떨어뜨려 버린다. 새끼는 별수 없이 땅으로 떨어진다. 그때 새끼들은 떨어져 죽지 않기 위해 있는 힘을 다하여 날갯짓을 한다. 어미는 그 새끼를 멀찍이서 바라본다. 그리고선 땅에 떨어지기 직전에 쏜살같이 내려와서 그 힘 있는 날개로 안전하게 받아 다시 높은 곳으로 올라간다. 그리고 다시 떨어뜨린다. 다시 날개로 받는 일을 반복한다. 새끼가 자기 힘으로 날 수 있을 때까지 이 일을 반복한다. 야곱이 이 훈련을 받고 있다. 야곱 스스로 벧엘로 올라갈 수 있을 때까지 이 훈련을 시키신다.

사람들은 본능적으로 변화를 싫어한다. 두려워하기도 한다. 누구나 현재의 보금자리에 안주하길 원한다. 평안한 환경이 언제까지나 지속되기를 바란다. 나의 '숙곳' 그곳에서 '이대로 살았으면 좋겠다. 더 이상을 바라지 않아. 만족해'라고 하면서 꿈같은 나날을 보내기 원한다.

이게 인간이다. 그런데 어느 날 바람이 불고, 풍랑이 일어난다. '별일 아니겠지'라고 생각했는데 점점 강해진다. 건강에 이상 징후가 나타난다. 직장을 사퇴해야만 한다. 사업이 점점 어려워진다. 자녀의 일이 뜻대로 풀리지 않는다. 뜻밖의 불상사가 터진다. 두려움과 불안이 자리를 잡는다. 잠을 잘 수 없고 그래서 불면증에 시달린다. 전혀 예기치 못했던 일들이 연속적으로 펑펑 터진다.

바로 이때 영적인 눈이 필요하다. 사건을 읽어 가는 지혜가 있어야 한다. 독수리 하나님이 나를 다루시는 때일 수 있기 때문이다. 내 보금자리를 어지럽히시는 때일 수 있기 때문이다. 아니 그렇게 판단해도 틀리지 않는다. 그분이 지금 몹시 가까이 와 계시는 것이다. 그리고 내 보금자리에서 끌어내어 창공으로 올라가시는 것이다. 창조 이후 그분은 둥지를 어지럽히는 일을 자주 행하셨다. 세상 잠에 취해 있는 사람, 자기 둥지에서 자기만족, 세상 만족만을 위해 사는 자들에게는 분명이 독수리 훈련이 있다.

감사가 기적을 만든다

야곱을 통해 하나님의 양면을 발견해야 한다. 첫째는 '그럼에도 불구하고' 은혜를 베푸시는 하나님이시다. 이 하나님 앞에서 가져야 할 자세는 무엇일까? 그것은 감사하는 것이다. 둘째는 '훈련을 통해' 은혜를 베풀어 주시는 하나님이시다. 이 하나님 앞에서 가져야 할 자세는 무엇일까? 역시 감사하는 것이다.

어디에서 감사해야 할까? 그곳은 벧엘이다. 벧엘로 올라가는 것이다. 벧엘로 올라가 감사하는 자에게 하나님의 은혜는 지속적으로 나타난다. 지금 평안한가? 감사하자. 어려움에 처해 있는가? 감사하자. 이런 자는 야곱의 하나님을 만날 것이다. 이런 자는 야곱의 축복을 받아 누릴 것이다.

"감사로 제사를 드리는 자가 나를 영화롭게 하나니 그의 행위를 옳게 하는 자에게 내가 하나님의 구원을 보이리라"(시 50:23).

Chapter 17

숙곳이 아니라
벧엘까지 가야 한다

창 35:1~5

세상에는 참으로 많은 소리가 있다. 그런데 이 많은 소리들은 크게 두 부류로 나눌 수 있다. 하나는 육신의 귀로 들을 수 있는 소리다. 또 하나는 마음으로만 들을 수 있는 소리다.

마음으로 들을 수 있는 소리는 환청(幻聽)과는 분명 다르다. 상담하다 보면 환청에 시달리는 성도들을 가끔씩 만난다. 이 환청은 환각의 일종이라고 할 수 있는데 소리를 내는 사물이 없음에도 음향이나 목소리가 뚜렷이 들리는 정신질환의 일종이다. 특별히 그때 들리는 소리들은 대부분 자신에 관한 나쁜 소문, 욕, 비판의 소리들이 주를 이룬다. 그런데 그 소리들이 너무나 분명하게 지속적으로 들리기 때문에 환청에 시달리는 사람들은 그것이 사실이라고 확신한다. 그래서 스스로 괴로워하고 이유 없이 남을 미워하며 나아가서는 엉뚱한 일까지 저지른다.

그렇다면 귀로 들을 수 있는 소리 외에는 무시해야 한다는 말일까? 그렇지 않다. 환청은 분명 아니지만 귀가 아닌 내 마음으로 들리는 소리가 있다. 특별히 하나님을 믿는 우리는 이 부분을 확실히 짚고 넘어가야 한다. 만일 육신의 귀에 들리는 소리 외에 다른 소리는 인정하지 않는다면 그는 하나님의 자녀로서 누릴 수 있는 많은 축복을 놓치게 되기 때문이다.

히브리서 1장 1절에 보면 하나님을 '여러 부분과 여러 모양으로 말씀하시는 분'이라고 소개하고 있다. 여기에 '여러 부분과 여러 모양'은 우리에게 말씀하실 때 단지 '언어'라는 수단만을 통해서 말씀하시지 않는다는 뜻이다. 하나님은 당신의 뜻을 우리에게 나타내실 때 꿈, 이상, 이적 등을 통해서, 더 나아가 우리가 처한 환경 또는 사건을 통해서도 말씀하신다. 때문에 단지 귀에 들리는 언어적 전달 수단 외에도 마음에 들려주시는 소리가 허다하다는 것이다. 영적으로 민감한 사람, 깨끗한 사람, 성령으로 충만한 사람은 이 음성을 듣는다. 그리고 그 음성에 따라 행동한다. 바로 이러한 자가 축복을 쟁취하는 것이다.

마음에 들리는 소리에 집중하라

야곱이 딸 디나 문제로 괴로워하며 고민하고 있을 때에 하나님은 분명히 말씀하신다.

"하나님이 야곱에게 이르시되 일어나 벧엘로 올라가서 거기 거주하며 네가 네형 에서의 낯을 피하여 도망하던 때에 네게 나타났던 하나님께 거기서 제단을 쌓으라 하신지라"(창 35:1).

야곱은 하나님의 명령, 즉 자신의 귀에 들리는 음성 앞에 어떤 반응을 보이는가?

"우리가 일어나 벧엘로 올라가자 내 환난 날에 내게 응답하시며 내가 가는 길에서 나와 함께 하신 하나님께 내가 거기서 제단을 쌓으려 하노라 하매"(창 35:3).

그는 일어나 올라가 단을 쌓는다. 얼마나 귀한 모습인가! 사실 이것은 쉬운 일이 아니다. 그럼에도 그는 하나님의 음성에 순종한다.
그런데 문제는 창세기 1절과 3절 사이에 있는 2절 말씀이다.

"야곱이 이에 자기 집안 사람과 자기와 함께 한 모든 자에게 이르되 너희 중에 있는 이방 신상들을 버리고 자신을 정결하게 하고 너희들의 의복을 바꾸어 입으라"(창 35:2).
"그들이 자기 손에 있는 모든 이방 신상들과 자기 귀에 있는 귀고리들을 야곱에게 주는지라 야곱이 그것들을 세겜 근처 상수리나무 아래에 묻고"(창 35:4).

야곱이 뭘 하는가? 그가 '우상'을 버리고 있다. 그런데 주목할 것은 하나님께서 야곱에게 우상을 버리라고 직접적으로 명령하신 적이 없다는 사실이다. 그렇다면 우상을 버리라는 말씀은 야곱의 육신의 귀에 들린 음성이 아니다. 그런데 야곱은 벧엘에 올라가기 전 우상을 버리는 일을 먼저 한다.

분명 그의 귀에 들린 하나님의 음성은 단지 '일어나라. 올라가라. 단을 쌓으라' 뿐이었다. 그런데 그는 왜 우상을 버리는 일을 먼저 했을까? 우리가 여기에서 중요한 사실 한 가지를 놓쳐서는 안 된다.

여기서 먼저 했다는 것은 무엇보다 더 중요하게 생각했다는 뜻이다. 이것이 우리에게 무엇을 가르치고 있는가? 비록 육신의 귀에 들리지는 않았으나 그의 마음에 분명하고 똑똑하게 들리는 또 다른 음성이 있었다는 말이다. 바로 마음에 들린 음성이다.

나는 이 소리를 '행간으로 들리는 소리'라고 부른다. 과거에 군사독재 시절, 우리는 알 권리를 제대로 누리지 못했었다. 모든 정보를 국가가 관장했다. 그래서 통치자들의 입맛에 맞는 정보만 신문이나 방송매체를 통해 내보냈다. 바로 이때 용기 있는 기자들은 어떻게든 진실을 알리려 했다. 그러다 보니 어떤 때는 펼친 신문이 군데군데 활자가 날아가 버려 누더기가 된 경우들이 자주 있었다. 그래서 그 시절 지혜 있는 독자들은 기사화되어 있지는 않았지만 행간을 통해 기자가 전하려는 진실을 찾아내곤 했다.

하나님의 말씀도 마찬가지다. 하나님께서 성경을 통해 오늘도 우리에게 말씀하신다. 물론 그 말씀에 순종하면 복을 받는다. 그러나 여기에 머물러서는 안 된다. 하나님은 우리 한 사람 한 사람에게 필요한 말씀을 그 마음에 적절하게 들려주신다. 따라서 행간으로 들리는 소리에 민감해야 한다. 그리고 그 소리에 순종할 수 있어야 한다. 야곱은 바로 이 부분에 강한 사람이었다.

20여 년 전 한 광야에서 야곱은 '소득의 십일조를 드리며 성전을 세우겠다'고 약속했다. 하나님께서 '그렇게 하라' 하신 명령이 아니다. 그런데 하나님을 만나고 그의 귀에 음성이 들리는 순간 또 다른 음성이 그의 마음을 두드린 것이다. 행간으로 소리가 들렸다.

여리고성의 삭개오도 그랬다. 그가 뽕나무 위에서 예수님을 만났다. 예수님은 그를 바라보시며 단지 "내려오라 내가 오늘 네 집에 유하여야 하겠다"(눅 19:5)고 말씀하셨다. 그런데 삭개오는 무엇이라고 말하는가?

"삭개오가 서서 주께 여짜오되 주여 보시옵소서 내 소유의 절반을 가난한 자들에게 주겠사오며 만일 누구의 것을 속여 빼앗은 일이 있으면 네 갑절이나 갚겠나이다"(눅 19:8).

삭개오의 반응이 엉뚱한 것 같지만 그렇지 않다. 삭개오의 마음에 그런 깨달음이 왔기 때문이다. 주님을 만나는 순간 그도 마음의 소리를 들을 줄 아는 사람이 되었다.

수가성의 여인이 예수님을 만났다. 예수님은 단지 자신이 메시아이심을 밝히셨을 뿐이다. 그런데 여인은 대낮임에도 불구하고 물동이를 버려 두고 동네에 뛰어 들어가 낮잠에 취해 있는 사람들을 깨우며 "와서 보라"고 전도한다. 왜 그랬을까? 마음에 들리는 음성을 거역할 수 없었기 때문이다(요 4:1-29).

이사야 선지자도 그랬다. 웃시야 왕이 죽던 해에 이사야는 보좌에 앉으신 하나님의 영광을 뵌 적이 있다. 그때 하나님은 이사야에게 한 말씀도 하지 않으셨다. 단지 영광을 보여 주신 것뿐이다. 그러나 그 영광 앞에서 이사야는 입술로 지은 자기의 죄를 토설하며 회개한다. 왜냐하면 귀에는 들리지 않았으나 회개하지 않을 수 없는 진리의 음성을 마음으로 들었기 때문이다(사 6:1-7).

반대로 하나님이 행간을 통해서 들려주시는 음성을 외면한 사람들도 있다. 대표적인 사람이 아담이다. 아담이 범죄했을 때에 하나님이 나타나셔서 "아담아, 네가 어디 있느냐?"고 하신다(창 3:9). 정말 아담이 어디에 있는지 몰라 묻고 계실까? 아니다. 이 물음 속에는 또 다른 메시지가 들어 있었다. 하지만 아담은 그 행간의 소리를 듣지 못했다. 하나님은 가인이 아벨을 살인했을 때에도 "네 아우 아벨이 어디 있느냐?"고 물으셨다(창 4:9). 하나님은 모든 상황을 알고 계신다. 몰라서 물으신 것이 아니다. 하지만 가인은 말씀 속의 또 다른 진리의 소리를 애써 외면했다. 하나님은 이스라엘 왕 사울에게도 나타나신다. 사무엘 선지자를 통해 "짐승 소리가 들리는데 이게 도대체 무슨 소리냐"고 하신 것은 몰라서 던진 질문이 아니다(삼상 15:14). 또 다른 그 무엇을 말씀하고 계셨다. 사울은 마음에 들리는 소리를 외면하고 변명으로 일관한다. 그 결과 버림을 받는 불쌍한 신세가 되어 버리고 말았다.

이렇게 볼 때 어떤 의미에서는 육신의 귀에 들리는 소리보다 마음을 통해 들리는 소리가 더 중요할 수 있다. 하나님이 우리에게 성경을 통해서, 설교를 통해서 주시는 말씀이 분명 있다. 그런데 그 말씀과 더불어 성령께서 친히 나에게 들려주시는 음성이 있다. 빌립 집사는 이 성령의 음성을 듣고 반응했다(행 8:29). 이 음성 듣기를 힘써야 한다. 그 음성이 더 중요하기 때문이다.

우상을 제거하라는 음성을 들으라

야곱의 집에는 '드라빔'이라는 우상이 있었다(창 31:19, 30, 32). 이 드라빔은 라반의 집에서 대대로 섬겨 오던 신을 형상화한 것이다. 이것을 라헬이 몰래 가지고 나왔다. 물론 처음에는 야곱이 이 사실을 알지 못했던 것 같다. 그러나 얼마 후 그는 이 사실을 분명히 알았다. 그럼에도 불구하고 그것을 버리지 않고 간직하고 있었다. 야곱은 그 누구보다도 라헬을 사랑했다. 때문에 라헬이 섬기는 드라빔 우상을 그도 대단한 그 무엇으로 여기고 있었는지도 모른다. 그래서 하나님과 드라빔을 함께 섬기는 일이 그 집에서 일어나고 있었던 것이다.

왜 야곱이 벧엘에 올라가기를 주저하면서 숙곳에 머물렀을까? 어쩌면 그 이유가 드라빔에 있었을지도 모른다. 드라빔이라는 우상이 그의 발목을 잡고 있었던 것이다. 때문에 그는 예배 처소인 벧엘로 나아가지 않고 그곳에서 자기를 위한 삶을 영위하였으며 예배를 드려도 형식적으로 드릴 뿐이었다. 그의 신앙은 점점 메마르고 침체되어 가고 있었다. 다 드라빔 우상 때문이었다. 이 사실을 야곱이 깨달았다. 그러므로 그는 우상을 제거하는 일을 제일 먼저 행하였던 것이다.

오늘 우리의 가장 큰 문제, 신앙생활의 걸림돌도 우상이다. 우상이 무엇인가? 내가 하나님보다 더 집착하고 사랑하는 것이 우상이다. 이 우상이 나의 관심과 정성, 시간과 물질을 빼앗아 간다. 계속 집중하게 하고 그 앞에 머리를 숙이게 한다.

우리가 잘 아는 15세기 이탈리아 화가 레오나르도 다빈치Leonardo da Vinci는 43세 때 한 공작으로부터 예수님의 마지막 만찬의 모습을 그림으로 그려 달라는 부탁을 받았다. 그는 온갖 정성과 심혈을 기울여 예수님의 마지막 만찬 그림을 완성했다. 중앙에는 예수님, 좌우에는 열두 명의 제자들이 앉아 있도록 그렸다. 그런데 예수님의 오른 손에는 은잔이 들려 있었다.

이 작품이 완성되었을 때 으레 그렇듯이 그는 절친한 친구 한 사람을 불러서 그림을 보여 주며 의견을 들어 보았다. 그림을 본 친구는 깜짝 놀랐다. 최대의 걸작이었기 때문이다. 더욱이 예수님 손에 들려진 은잔이 어찌나 섬세한지 그 잔에서 눈을 뗄 수 없었다. 그래서 자신이 느낀 바대로 다빈치에게 소감을 말했다. 그런데 그 말을 듣는 순간 레오나르도 다빈치는 붓으로 그 은잔을 지워 버리는 것이 아닌가? 그는 놀라는 친구에게 "이 그림에서 예수 그리스도 이외에는 어떤 것이라도 중심이 될 수 없다네. 예수님 외에 그 어떤 것이라도 우리의 눈길을 끌면 그것은 곧 우상이라네"라고 말했다고 한다.

가만히 살펴보면 우리 모두가 나름의 우상을 간직한 채 신앙생활을 하고 있다. '이것만은 포기할 수 없다. 이것만은 버릴 수 없다'고 하는 바로 그것이 우상이다. 이 우상은 보이는 어떤 것일 수도 있고 보이지 않는 것일 수도 있다. 평소에는 하나님을 사랑한다고 하면서 이것만 나타나면 하나님도 온데간데없어지는 바로 그것, 하나님께서는 그것을 던져 땅에 묻으라고 말씀하신다.

특별히 현대인들에게 물질은 무서우리만큼 집요하게 그 앞에 무릎 꿇게 만든다. 신앙이 좋아 보이던 사람도 결정적인 순간 돈의 위력 앞에서는 직분, 신앙의 연조, 주일성수도 소용없이 무너져 버린다. 주변을 살펴보라. 그렇게 믿음 좋아 보이던 사람들이 물질에 걸려서 얼마나 많이 넘어지고 있는가? 교회 자체가 돈 때문에 얼마나 많이 흔들리고 있는가? 주님보다 더 집착하고 더 관심을 갖게 되면 그것은 우상이다. 마틴 루터Martin Luther는 우리가 예수 그리스도를 믿을 때에 세 가지의 회심을 해야 한다고 했다. '머리의 회심, 가슴의 회심, 그리고 지갑의 회심'이 필요하다고 말이다.

한 젊은이가 자신의 죄를 회개한 후 침례를 받기로 하였다. 큰 물통 속에 목사와 함께 들어간 젊은이는 지갑을 빼지 않고 주머니에 넣고 들어온 것을 알았다. 급히 지갑을 꺼내어 바깥으로 던지려 하자 목사는 말했다.

"형제여! 그 지갑도 자네와 함께 침례를 받아야 한다네."

그러므로 그 무엇보다 내 마음에 들려주시는 그 말씀을 들을 수 있어야 한다. 무슨 소리가 들리는가? 어떤 음성인가? 칭찬, 격려, 아니면 책망과 경고의 음성인가? 어쩌면 지금 귀에 들리는 음성보다 마음에 들리는 음성이 더 중요할 수도 있다. 때문에 그 음성에 귀를 기울이고 반응해야 한다. 특히 '우상을 버리라', '하나님보다 더 사랑하는 것을 버리라'는 말씀을 외면해서는 안 된다. 그 말씀 앞에 야곱처럼 반응할 수 있어야 한다.

> "내가 하늘에서 나는 소리를 들으니 많은 물 소리와도 같고 큰 우렛소리와도 같은데 내가 들은 소리는 거문고 타는 자들이 그 거문고를 타는 것 같더라"(계 14:2).

Chapter 18

참된 예배자,
영적 이스라엘이 되다

창 35:9~15

지금까지 우리는 한 사람의 생애를 추적해 왔다. 바로 야곱이다. 우리는 야곱이라는 인물에 흠뻑 빠져 매료되어 있었다.

사실 야곱은 결코 매력적이지 못하다. 얼마나 약점투성이인지 모른다. 그러나 우리는 한 번도 인간 야곱을 보지 않았다. 우리의 눈은 야곱을 다듬으시면서 사랑하시고 인도하시며 보호하셔서 결국은 축복하시는 하나님께 고정시켰다. 야곱의 하나님은 정말 멋진 분이셨다.

우리가 야곱에게 빠진 또 하나의 이유는 야곱의 하나님이 바로 나의 하나님이시기 때문이다. 우리도 야곱처럼 허물투성이다. 그러나 하나님은 절대 우리를 외면하지 않으신다. 끝까지 지키시고 보호하시며 축복해 주신다. 그분은 우리가 천국에 이를 때까지 언제나 함께 하실 것이다. 그런 믿음과 확신이 있기에 우리는 야곱의 하나님을 사랑하는 것이다.

이제 야곱 스토리는 그 절정에 이른다. 물론 야곱에 관한 기사는 이후에도 등장한다(창 50:1). 하지만 그가 살아 있다고 해서 여전히 중심인물이라고는 볼 수 없다. 창세기 12장에 데라가 살아 있었으나 그는 이미 죽은 자처럼 처리해 버렸다(창 11:32). 이제 아브라함이 중심인물이어야 하기 때문이다(창 12:1). 때, 때가 있다(전 3:1). 원하든지 원치 않든지 때가 되면 물러나야 한다. 하나님께서는 야곱을 대신하여 요셉을 준비해 놓으셨다. 그래서 이젠 아들 요셉이 역사의 중심인물이 된다. 야곱도 이제는 별 수 없다.

때문에 야곱 생애의 절정을 유심히 살펴야 한다. 연극, 영화, 소설 같은 작품에서 클라이맥스, 즉 절정은 항상 마지막에 있다. 그리고 이 부분에서 그 작품의 핵심 주제가 드러난다. 바로 한 주제를 위해 앞부분에 여러 크고 작은 사건들이 얽히고설키면서 전개되는 것이다. 야곱 스토리의 절정에서 작가인 그분이 독자들에게 주시려는 주제를 바로 깨닫지 못한다면 지금까지 받았던 말씀의 은혜가 반감될 수 있다.

하나님은 야곱을 책망하지 않으셨다

"하나님이 그에게 이르시되 나는 전능한 하나님이라 생육하며 번성하라 한 백성과 백성들의 총회가 네게서 나오고 왕들이 네 허리에서 나오리라 내가 아브라함과 이삭에게 준 땅을 네게 주고 내가 네 후손에게도 그 땅을 주리라 하시고"(창 35:11-12).

하나님께서 야곱을 축복하신다. 이는 육적인 축복이다. 그러나 육적인 축복에 앞서 영적인 축복을 주신다. 바로 그의 이름이 바뀌는 축복이다.

"하나님이 그에게 이르시되 네 이름이 야곱이지마는 네 이름을 다시는 야곱이라 부르지 않겠고 이스라엘이 네 이름이 되리라 하시고 그가 그의 이름을 이스라엘이라 부르시고"(창 35:10).

우리는 이미 이름이 바뀌는 영적 축복이 얼마나 귀한 것인지 나눈 바 있다(창 32:28). 우리의 이름을 바꾸어 주시기 위해 주님은 십자가에서 피를 쏟으셨다. 이 희생 때문에 마귀의 자식, 죄인, 사탄의 종이었던 우리의 옛 이름이 의인, 성도, 하나님의 자녀, 그리스도의 신부로 바뀌었다. '이름'만 바뀌었다는 뜻이 아니다. 신분과 미래가 바뀌었다는 뜻이다. 야곱의 경우도 마찬가지다. 그를 일생 동안 짓눌러 온 무거운 짐, 콤플렉스를 벗겨 주셨다는 뜻이다.

이에 대한 야곱의 반응은 어떠했던가? 영육 간에 축복해 주신 그분께 어떤 반응을 보이고 있는가?

"하나님이 그와 말씀하시던 곳에서 그를 떠나 올라가시는지라 야곱이 하나님이 자기와 말씀하시던 곳에 기둥 곧 돌 기둥을 세우고 그 위에 전제물을 붓고 또 그 위에 기름을 붓고 하나님이 자기와 말씀하시던 곳의 이름을 벧엘이라 불렀더라"(창 35:13-15).

이 본문을 천천히 읽으면서 어떤 그림이 연상되는가? 야곱이 지금 어디에서 무엇을 하고 있는가? 그것은 벧엘에서의 예배이다. 야곱을 기어이 예배자로 부르시는 하나님, 참된 예배자가 되기를 소원하시는 하나님, 바로 이것이 야곱 이야기의 중심 주제다. 지금까지 야곱과 관련된 크고 작은 사건들은 사실 부차적인 것들이었다. 하나님은 야곱이라는 한 인간이 그 무엇보다 참된 예배자가 되기를 원하고 계셨다.

우리가 아는 대로 지난 날 그는 하나님의 자녀답지 못했다. 거짓말쟁이, 욕심꾸러기, 술수, 기만, 이기적인 삶의 형태 등이 그를 포장하고 있었다. 이런 포장은 진정 벗겨 버려야 할 부분이요, 고쳐져야 할 삶의 태도이며 성품이었다.

그런데 참으로 이상한 것은 하나님께서 이제껏 한 번도 야곱의 이런 부분에 대해 언급하거나 책망하지 않으셨다는 사실이다. 형을 속였을 때도, 아버지를 속였을 때도, 자기 욕심만 채웠을 때도 하나님은 마치 아무것도 모르시는 것처럼 그러한 부분에 대해 언급하지도, 책망하지도 않으셨다. 언제 하나님이 야곱에게 나타나셔서 "너 왜 거짓말을 했느냐? 너 어떻게 자기 욕심만 채우려 하느냐?" 하시며 책망하신 적이 있는가? 단 한 번도 없다.

그 이유가 무엇일까? '야곱처럼 우리가 세상을 살면서 거짓말을 해도 좋다. 남을 속여도 좋다. 자기 배만 채우는 이기적인 삶을 살아도 괜찮다. 하나님께서 용납하신다'는 뜻일까? 우리가 그렇게 살아도 된다는 뜻일까? 결코 아니다. 하나님은 조그마한 죄악도 용납하지 않으시는 분이다.

일꾼보다 예배자를 찾으신다

그런데 하나님은 어째서 야곱을 책망하지 않으셨을까? 어떻게 이 본문을 이해하고 해석해야 할까? 간단하다. 하나님께서는 야곱이 '참된 예배자'가 되기를 원하셨다. 예배는 그 무엇보다 중요한 우선순위에 놓아야 할 사실임을 가르쳐 주기 위해서다.

우리 가운데 비교적 진실하게 살며 도덕적으로나 인격적으로 문제없는 삶을 살고 남을 먼저 배려하며 사는 사람이 있다고 하자. 그러나 그가 하나님 앞에 나와 '참된 예배자'가 되지 않을 때에 그는 하나님의 기쁨이 될 수 없다. 그러나 설령 땅 위에서 육체를 입고 살아가는 과정에서 실수와 허물이 크고, 남을 속이기까지 하는 약점투성이의 사람이라 할지라도 하나님 앞에서 진정한 예배자가 될 때 하나님이 기뻐하신다는 뜻이다. 누가복음 18장 10절 이하의 내용은 이러한 진리를 뒷받침한다.

"두 사람이 기도하러 성전에 올라가니 하나는 바리새인이요 하나는 세리라 바리새인은 서서 따로 기도하여 이르되 하나님이여 나는 다른 사람들 곧 토색,

불의, 간음을 하는 자들과 같지 아니하고 이 세리와도 같지 아니함을 감사하나이다 나는 이레에 두 번씩 금식하고 또 소득의 십일조를 드리나이다 하고 세리는 멀리 서서 감히 눈을 들어 하늘을 쳐다보지도 못하고 다만 가슴을 치며 이르되 하나님이여 불쌍히 여기소서 나는 죄인이로소이다 하였느니라 내가 너희에게 이르노니 이에 저 바리새인이 아니고 이 사람이 의롭다 하심을 받고 그의 집으로 내려갔느니라 무릇 자기를 높이는 자는 낮아지고 자기를 낮추는 자는 높아지리라 하시니라"(눅 18:10-14).

두 사람을 보라. 한 사람은 그야말로 도덕적으로 흠이 없는 사람이다. 그는 남의 것을 토색한 일도 없다. 불의한 일을 행하지도 않았다. 물론 간음 같은 것은 꿈에도 생각하지 않았다. 그의 말을 빌리면 주변 사람들과는 차별되는 삶을 살았다. 또 한 사람은 그야말로 죄인이다. 세리로서 남의 것을 착취하였다. 물론 거짓말도 수없이 했다. 그래서 다른 사람들에게 손가락질을 받는 사람이었다. 그런데 하나님은 누구를 의롭다고 칭하시는가? 그렇다. 죄인 세리다.

죄인을 의롭다 하신 이유가 무엇인가? 세리는 참된 예배자였기 때문이다. 하나님의 기준은 그 사람이 인격적으로 바르냐에 있지 않고, 하나님 앞에서 올바른 예배자가 되느냐에 있다. 바로 이 사실 때문에 야곱이 약점을 노출하고 부족한 부분을 보여도 하나님은 한 번도 야단치지 않으신다. 하지만 그의 예배가 잘못되었을 때에는 즉각 나타나셔서 책망하시며 깨우치신다.

"하나님이 야곱에게 이르시되 일어나 벧엘로 올라가서 거기 거주하며 네가 네 형 에서의 낯을 피하여 도망하던 때에 네게 나타났던 하나님께 거기서 제단을 쌓으라 하신지라"(창 35:1).

야곱 스토리의 출발은 그 시작이 벧엘이다. 벧엘에서 예배자로 출발하고 있다.

"야곱이 잠이 깨어 이르되 여호와께서 과연 여기 계시거늘 내가 알지 못하였도다 이에 두려워하여 이르되 두렵도다 이 곳이여 이것은 다름 아닌 하나님의 집이요 이는 하늘의 문이로다 하고 야곱이 아침에 일찍이 일어나 베개로 삼았던 돌을 가져다가 기둥으로 세우고 그 위에 기름을 붓고 그 곳 이름을 벧엘이라 하였더라 이 성의 옛 이름은 루스더라"(창 28:16-19).

그리고 본문에서 예배자로 대단원의 막을 내린다.

"야곱이 하나님이 자기와 말씀하시던 곳에 기둥 곧 돌 기둥을 세우고 그 위에 전제물을 붓고 또 그 위에 기름을 붓고 하나님이 자기와 말씀하시던 곳의 이름을 벧엘이라 불렀더라"(창 35:14-15).

하나님의 임재, 음성, 축복은 언제나 예배와 깊은 관련을 가지고 있다. 본문은 예배를 통해 하나님께서 임재하시고, 예배시간에 하나님이 말씀하시며, 예배드리는 자를 축복하신다는 것을 시사한다. 하나님은 그 무엇보다 우리가 올바른 예배자가 되기를 원하신다.

비록 약하고 냄새나는 부분, 아직도 고치지 못한 성품과 습관이 여전히 남아 있다 할지라도 있는 모습 그대로 그 앞에 나아와 예배하는 자를 기뻐하신다. 왜냐하면 예배를 통해 임마누엘 하시길 원하시기 때문이다. 예배를 통해 음성을 들려주시길 원하시기 때문이다. 예배시간에 복을 주시길 원하시기 때문이다.

따라서 하나님은 예배자를 찾으신다.

"아버지께 참되게 예배하는 자들은 영과 진리로 예배할 때가 오나니 곧 이때라 아버지께서는 자기에게 이렇게 예배하는 자들을 찾으시느니라"(요 4:23).

이 본문을 놓고 어떤 이는 이렇게 말한다. "하나님께서는 어떤 사람을 찾으시는가? 하나님은 일하는 사람worker 보다 예배하는 사람worshipper을 먼저 찾으신다. 이것은 우리 삶에 있어서 반드시 기억해야 할 중요한 사실이다."

미국 칼빈신학교의 로저 그린웨이Roger S. Greenway 교수는 다음과 같이 말한 적이 있다.

"선교는 교회의 궁극적인 목표가 아니다. 예배가 궁극적인 목표이다. 선교는 예배가 없기 때문에 존재하는 것이다. 사람이 아니라 하나님이 근본이시기 때문에 선교가 아닌 예배가 근본이다. 이 세대가 지나고 셀 수 없이 많은 회심자들이 하나님의 보좌 앞에 그들의 얼굴을 숙이게 되면 선교는 더 이상 필요 없게 된다. 선교는 단기적으로 필요할 뿐이다. 그러나 예배는 영원히 지속되는 것이다."

이 말의 핵심은 이것이다.

"이 세상에서 예배보다 우선하여 놓을 수 있는 것은 아무것도 없다."

하나님이 찾으시는 한 사람

그러면 하나님이 찾으시는 참된 예배자는 과연 어떤 자일까?

첫째, 벧엘에 와서 예배를 드리는 자다. 성경은 예배드리는 장소를 강조하고 있음을 놓치지 말아야 한다(창 35:1, 3, 7, 14). 벧엘은 어디인가? 구별된 장소이다. 그러면 오늘의 벧엘은 어디일까? 그곳은 바로 '내 교회'이다.

혹자는 말한다. 하나님은 어디에나 계시지 않느냐? 그러므로 수영장에서 수영을 하며, 산을 오르며, 적당히 인생을 즐기며 각자 처한 장소에서 잠시 예배드리면 되지 않으냐고 말한다. 혹은 가까운 곳에서 예배드리면 되지 않느냐고 말한다. 맞는 이야기 같다. 하나님은 어디에나 계시기 때문이다. 그러나 그것은 사탄이 성경 말씀을 가지고 예수님을 넘어뜨리려 했듯이 성경을 가지고 우리를 세속에 물들게 하는 사탕발림의 말이요 편의주의적인 발상이다. 그런 예배에 정성이 담겨질까? 그런 예배에 영과 진리가 담겨질까?(요 4:24) 하나님은 벧엘에서 영광 받으시기를 원하신다. 물론 특별한 이유가 있어서 교회에 나오지 못하는 경우가 있을 수 있다. 하지만 초대교회 성도들이 정한 시간에 정한 장소에서 '함께' 예배를 드렸던 것을 기억해야 할 것이다.

자녀를 키워 보니 아이들도 각자 활동하는 중심 무대가 있다는 사실을 알았다. 큰 아이는 신촌을 중심으로 생활한다. 일주일의 거의 전부를 신촌에서 보낸다. 둘째 아이는 활동 무대가 강남 쪽이다. 이런 곳들은 일산에 있는 집과는 거리가 멀다. 그래도 그곳에 가야 마음이 편한 모양이다. 그래서인지 먼 거리를 마다하지 않고 왔다 갔다 한다. 마음에 맞는 친구들과 관심거리들이 그곳에 있으니 그곳으로 달려가는 것 같다.

그렇다면 내 중심 무대가 어디인가? 찜질방, 남대문시장, 쇼핑몰, 맛있는 음식점인가? 그것도 필요하다. 하지만 가장 중요한 중심 무대는 교회가 되어야 한다. 교우들끼리 교제를 나누고, 시간을 보내고, 봉사하고, 찬양하는 교회가 중심 무대가 되기를 소원한다.

둘째, 자신이 예배의 주체가 되는 예배자다.

"그러므로 형제들아 내가 하나님의 모든 자비하심으로 너희를 권하노니 너희 몸을 하나님이 기뻐하시는 거룩한 산 제물로 드리라 이는 너희가 드릴 영적 예배니라"(롬 12:1).

하나님이 가장 귀하고 기쁘게 받으시는 예배는 나의 몸을 드리는 예배다. 야곱의 예배를 보라. 예배의 주체가 누구인가? 바로 야곱 자신이다. 야곱이 제사장이 되어 예배를 드리고 있다. 하나님은 우리 하나 하나가 예배의 주체가 되기를 원하신다. 입술, 손, 발, 마음, 나의 온몸 전체를 제물로 받기를 원하신다. 그렇다면 손을 드는 것에 인색할 필요가 없다. 그분 앞에 무릎 꿇는 것을 주저할 필요가 없다. 예배는 관람하거나 관전하는 것이 아니다. 설교를 평가하고 먼발치에서 이것저것 체크하는 것도 아니다. 찬양대의 찬양을 듣는 시간도 아니다. 예배는 내가 친히 제사장이 되는 시간이다. 보다 깊숙이 더 안으로 들어와 그야말로 내 몸을 제단에 올려 드리는 심정으로 예배에 참석해야 한다. 예배를 드리되 능동적으로 예배에 참여해야만 한다. 모두가 예배의 주체가 되기를 바란다.

미국 석유산업의 대명사요 전설적인 부자 록펠러Rockefeller가 세운 대학, 교회들이 여럿 있다. 시카고 대학도 그 중에 하나다. 그가 이 대학 개교식에 참석했다. 학교의 큰 강당에서 인사말을 했다. 그때 한 기자가 손을 들고서 질문했다. "회장님은 어떻게 해서 부자가 되었습니까?" 그때 록펠러는 이렇게 답했다. "난 주일날 예배 제일 앞좌석에 앉아 예배에 집중했소. 이게 비결 중의 하나요."

언젠가 오산에 있는 한 공장에서 직원들의 예배를 인도했다. 아침 7시 50분 예배가 시작되었다. 40여 명 정도 모였을까? 참회의 기도를 드리는 순서가 되자 모두 의자에서 내려와 무릎을 꿇고 회개 기도를 드리는 것이었다. 거기에는 방글라데시에서 온 근로자 다섯 명이 포함되어 있었다. 그들도 무릎을 꿇었다. 알라신을 섬기는 그들이 예수님 앞에 무릎을 꿇은 사실이 밝혀지면 모두 사형을 당한다. 그러나 그들은 함께 무릎을 꿇었다. 이렇게 하나님은 자신의 온몸을 온전히 드리는 자를 찾으신다.

셋째, 물질을 함께 드리는 예배자다.

야곱은 전제물을 붓고 또 그 위에 기름을 부었다. 자신이 가지고 있는 가장 귀한 것을 아낌없이 쏟아붓고 있는 것이다. 30년 전 고향을 떠나면서도 그는 자신의 전 재산이라고 할 수 있는 기름을 돌 위에 쏟아부은 적이 있다.

"야곱이 아침에 일찍이 일어나 베개로 삼았던 돌을 가져다가 기둥으로 세우고 그 위에 기름을 붓고"(창 28:18).

기름은 곧 화폐다. 물물교환 시대였기에 기름이 화폐의 역할을 하고 있었다. 그런데 야곱이 그 기름을 쏟아부었다. 이제 물질을 의지하지 않고 하나님을 의지하겠다는 의지적 표현이다. 한번 자신의 소유를 쏟아부어 본 경험이 있는 자가 또 쏟아부을 수 있다.

예배는 그 형식이나 순서가 시대에 따라 변천을 거듭한다. 그러나 예배 가운데서 가장 오래된, 결코 빠뜨릴 수 없는 순서가 있다. 바로 예물을 드리는 시간이다. 인류 최초의 예배는 가인과 아벨의 예배였다. 그때부터 지금까지 하나님 앞에 예배를 드릴 때 예외 없이 예물을 드려 왔다. 하나님께서는 이스라엘 백성을 향해 "빈 손으로 내 앞에 나오지 말지니라"(출 23:15)고 하셨다.

목양실 책상 위에는 교우들이 정성스럽게 드린 물질의 명세서가 놓여 있다. 그것을 놓고 기도한다. 개인적인 사정들을 속속들이 알지 못하지만 긍휼하심이 나타나도록 간절히 '중보'한다. 그런데 이런 분들은 보면 대부분 이름도 없고 빛도 없는 자들이다. 그럼에도 불구하고 정성과 온 마음으로 드리는 자세와 내용을 보면서 매번 감동을 받는다. 그런데 교회에서 오랫동안 신앙생활을 해 오며 생활도 어렵지 않고 또 교회에서 중요한 위치에 있으면서도 1년이 다가도록 예물을 드린 흔적이 없는 사람이 있다. 아쉬운 마음이 크다. '저 사람에게 하나님은 어떤 분이실까?' 하고 자문해 본다. 하나님은 우리가 예물과 함께 나아올 때에 그런 자의 예배를 기쁘게 받으신다.

참된 예배자가 돼라

주후 1,500년경, 일본에는 큰 핍박이 있었다. 특별히 이때 포르투갈에서 온 선교사 26명이 추방되었다. 천황을 섬기던 백성이 예수님을 믿게 되자 위협을 느낀 천황은 기독교인들을 핍박하기 시작한 것이다. 1600년대 초 부활절 즈음 에도에 있는 한 교회에서 70여 명이 예배를 드리고 있었다. 거기에 천황이 보낸 군사들이 들이닥쳤다. 군사들은 예배드리던 사람들을 바닷가로 끌고 가서 70개의 기둥에 거꾸로 매달았다. 예수를 부인하는 사람들은 한 명씩 풀어 주었다. 끝까지 남은 사람은 10여 명. 끝까지 예수를 부인하지 않은 이들은 마침 밀물 때에 밀려오는 파도에 수장되며 순교하였다.

오늘 죄악의 물결, 세속의 물결이 내 안에, 내 가정에 밀려들어오고 있다. 어떻게 믿음을 지킬 것인가? 어떻게 신앙의 순결을 유지할 것인가? 참된 예배자가 되는 길밖에 없다. 모든 것은 결국 예배로 통하기 때문이다. 은혜는 참된 예배자에게 임한다. 때문에 하나님은 지금도 예배자를 찾으신다. 바로 그 예배자로 우뚝 서는 자가 되길 바란다. 그 사람이야말로 '인간 야곱에서 이스라엘로' 명명되는 주인공이 될 것이다.

"야곱이 아들에게 명하기를 마치고 그 발을 침상에 모으고 숨을 거두니 그의 백성에게로 돌아갔더라"(창 49:33).

Jacob